Anonymous

Bericht über die Wirksamkeit des Nachweisungs-Bureau's

Für Auswanderer in Bremen

Anonymous

Bericht über die Wirksamkeit des Nachweisungs-Bureau's
Für Auswanderer in Bremen

ISBN/EAN: 9783743392717

Hergestellt in Europa, USA, Kanada, Australien, Japan

Cover: Foto ©ninafisch / pixelio.de

Weitere Bücher finden Sie auf **www.hansebooks.com**

Achter Bericht

über die

Wirksamkeit

des

Nachweisungs-Bureau's

für

Auswanderer

in

Bremen

während der Jahre 1859 und 1860.

Bremen.
Druck von H. M. Hauschild.
1861.

Inhalts-Verzeichniß.

	Seite
Bericht pro 1859 und 1860	1
Total-Auswanderung über Bremen in den Jahren 1859 und 1860	17
Uebersicht der seit 1832 über Bremen nach fremden Welttheilen beförderten Passagiere	20
Auswanderung über Bremen in den Jahren 1851—1860 nebst Bestimmungsort (Einlage zwischen den Seiten 20 und 21).	
Statistische Uebersicht der Wirksamkeit des Nachweisungs-Bureau's	20
Verzeichniß der zurückgebliebenen Auswanderer-Effecten	23
Verhaltungsregeln für Auswanderer während ihres Aufenthaltes in Bremen	24
Namen und Wohnungen der Expedienten	31
Durchschnittspreise für Blechgeschirr rc.	31
Taxen für Logis und Beköstigung	32
Taxe für die Beförderung des Gepäcks der Auswanderer	33
Obrigkeitliche Verordnung vom 14. Juni 1854	33
Polizeiliche Bekanntmachung vom 17. April 1856	54
Polizeiliche Bekanntmachung vom 7. October 1851	55
Obrigkeitliche Verordnung vom 27. April 1857	56
Obrigkeitliche Verordnung vom 26. März 1858	61
Bekanntmachung, die Besichtigung und Verproviantirung der Auswandererschiffe betreffend	62
Verhaltungsregeln für Newyork	63
Verhaltungsregeln von der Einwanderungs-Commission in Newyork	68
Regeln und Bestimmungen für Castle Garden	73
Regeln in Bezug auf das Gepäck	76
Verhaltungsregeln für Baltimore	77
Verhaltungsregeln für Philadelphia	80
Verhaltungsregeln für New-Orleans	82
Verhaltungsregeln für St. Louis	86
Verhaltungsregeln für Texas	88
Verhaltungsregeln für Quebec	91

Die deutsche Auswanderung, welche in den Jahren 1858 und 1859 unter den Nachwirkungen der von Amerika ausgegangenen Handelskrisis bedeutend abnahm, hat im Jahre 1860 wiederum eine Zunahme erfahren, und deshalb auch die Thätigkeit des hiesigen Nachweisungs=Bureaus für Auswanderer in erhöhtem Maße in Anspruch genommen.

Die unterzeichnete Direction erblickt darin eine Aufforderung, wieder mit einem Berichte über die Wirksamkeit ihres Institutes an die Oeffentlichkeit zu treten, zumal da dasselbe mit dem ersten März 1861 das erste Jahrzehnt seines Bestehens hinter sich hat.

Die Direction glaubt, selbst auf die Gefahr hin, für manchen Leser nur Bekanntes und früher Gesagtes zu wiederholen, bei dieser Gelegenheit einen Rückblick auf das Entstehen und die allmähliche Entwickelung der Anstalt, sowie auf die in diesem Zeitraume gesammelten Erfahrungen werfen zu müssen.

Bremen hat seit dem Jahre 1832, bis wohin unsere statistischen Angaben zurückreichen, nicht weniger als 761,696 Passagiere nach transatlantischen Ländern befördert. Es war von jeher ein sehr natürlicher, alle Classen der hiesigen Einwohnerschaft durchdringender Wunsch, daß der gute Ruf Bremens als Auswandererhafen mit aller nur möglichen Sorgfalt aufrecht erhalten werde. Zu diesem Zwecke wurden Gesetze zum Schutze der Auswanderer erlassen, die im Laufe der Jahre durch verschiedene Zusätze bereichert und meist auch von andern Seehäfen nachgeahmt sind.

Es stellte sich jedoch mit der Zunahme der Auswanderung über Bremen immer mehr heraus, daß die Privatthätigkeit namentlich da, wo es auf Belehrung der Auswanderer ankommt, besser wirken könne, als die Thätigkeit der Behörden. Geleitet von dieser Erkenntniß und in der Ueberzeugung, daß Bremen das Interesse und die Pflicht habe, dem Auswanderer jeden erforderlichen Beistand zu leisten, traten im Jahre 1850 unter Mitwirkung der Handelskammer eine Reihe von Privaten zusammen, um ein Institut zu begründen, das sich die Aufgabe stellte „allen Personen, welche sich von Bremen aus nach überseeischen Plätzen begeben wollen, eine zuverlässige Belehrung über sämmtliche bei diesem Vorhaben in Frage kommenden Verhältnisse zu gewähren." — Die sämmtlichen hiesigen Rheder und Schiffsexpedienten erkannten unterm 23. September 1850 die Zweckmäßigkeit und Wichtigkeit eines solchen Unternehmens an und erklärten sich bereit, zu den Kosten desselben beizutragen. Die zur Begründung und Leitung des Instituts niedergesetzte Direction begann am 7. December 1850 ihre Berathungen und reichte noch vor Jahresschluß ihre Statuten ein, welche die Billigung der Handelskammer erhielten und am 17. Januar 1851 von dem Senate genehmigt wurden, der zugleich eine Commission aus Seiner Mitte zur Wahrnehmung der obrigkeitlichen Aufsicht bestellte. Der 1. März 1851 war der zur Eröffnung des Instituts festgesetzte Termin. Seit jenem Tage ist unser Nachweisungs-Bureau ununterbrochen bemüht gewesen, den über Bremen reisenden Auswanderern mit Rath und That beizustehen. Zu dem Ende befindet sich im Bahnhofsgebäude ein durch deutliche Ueberschriften erkennbares und bei jedem ankommenden Bahnzuge geöffnetes Comptoir des Nachweisungs-Bureaus. Der ihm vorgesetzte Beamte behändigt hier jedem Auswanderer, der es wünscht, die Adresse eines Gastwirths und die festen Taxpreise, zu welchen der Gastwirth sowohl Kost und Logis zu gewähren als auch den Transport von Effecten zu übernehmen verpflichtet ist. Weiter erhalten die Auswanderer die Adressen sämmtlicher hiesiger Passagier-Expedienten und Schiffsmakler, sowie derjenigen Geldwechsler, die nach den dem Nachweisungs-Bureau aufgegebenen Coursen verwechseln, ferner eine Aufgabe der hiesigen Preise ihrer Hauptbedürfnisse, als Matratzen, Decken, Blechgeschirr 2c., sowie Verhaltungsregeln für den Aufenthalt in Bremen, in Bremerhaven, auf dem Schiffe und für die Ankunft am überseeischen Bestimmungsorte. Außer diesen verschiedenen Drucksachen erhält jeder Auswanderer je nach seinem individuellen Bedürfnisse noch weitere Belehrung.

In ähnlicher Weise verfährt ein zweites Comptoir am Markte (unter dem Hause Schütting), welches jedoch weit mehr die Entgegennahme und Abhülfe von Wünschen und Beschwerden, als die der ersten Station vorzugsweise obliegende Befriedigung allgemeiner Bedürfnisse zur Aufgabe hat, und täglich vom Morgen 8 Uhr bis zum Abend 8 Uhr geöffnet ist.

Das dritte Comptoir des Nachweisungs-Bureaus am Altenwall ist in den letzten Jahren, wo die Passagierbeförderung auf der Oberweser in Folge der verbesserten Eisenbahnverbindungen weit seltener geworden ist, fast unbenutzt geblieben; allein die Beamten unsers Bureaus sind jedesmal bei der Ankunft von Oberweser-Dampfschiffen am Landungsplatze gegenwärtig, um den Auswanderern jede gewünschte Auskunft zu ertheilen und ihnen die Verhaltungsregeln zu behändigen.

Jedem Auswanderer, der sich an diese Comptoire wendet, wird bereitwillig Auskunft ertheilt über Alles, was vernünftiger Weise in Betreff der Ausführung des Vorhabens bis zu dem selbst erwählten Ziele hin gefragt werden kann.

Glaubt sich der Auswanderer in irgend einer Beziehung übervortheilt, so hat er seine Klage bei dem Bureau anzubringen und kann einer sofortigen Untersuchung des Sachverhältnisses gewärtig sein, vermißt er dies oder jenes, dann tritt die Vermittelung des Nachweisungs-Bureaus ein, und selten bedarf es der Anrufung obrigkeitlicher Gewalt: entweder der Auswanderer wird überzeugt, daß er keinen Grund zur Beschwerde habe, oder der gegnerische Theil betrachtet den Ausspruch des Bureaus als einen Schiedsspruch, dem sich zu fügen das Beste ist. Wo aber solchergestalt keine Erledigung herbeigeführt wird, da schreiten auf Ersuchen des Bureaus die betreffenden Behörden sofort ein, und sollte gerichtlicher Beistand nöthig sein, so wird dem Auswanderer ein Anwalt nachgewiesen, der seine Sache führt. — Das Kriterium der Fürsorge und des Rathes, wodurch sich das Nachweisungs-Bureau von allen Privatspeculationen unterscheidet, ist, daß Alles unentgeltlich geschieht, daß die Beamten der Anstalt auch nicht einmal ein freiwilliges Geschenk annehmen dürfen.

Es ist nicht wohl möglich, ein genaues Bild von einer Wirksamkeit, die der Natur der Sache nach mehr im Stillen geübt werden muß, zu entwerfen; es möge uns daher nur vergönnt sein, einige allgemeine Gesichtspunkte mitzutheilen über die Art und Weise, in welcher das Nachweisungs-Bureau seine Zwecke zu erreichen sucht.

Die Uebersiedlung des über Bremen reisenden Auswanderers von seinem Heimathsorte an bis zu dem transatlantischen Hafen und selbst weiter läßt sich um so allseitiger ins Auge fassen, je größer die Theilnahme und Unterstützung ist, welche bei den verschiedenen in Frage kommenden Verhältnissen sowohl vom Inlande als auch von jenseits des Oceans her dem hiesigen Nachweisungs-Bureau entgegengetragen wird. Zu dem Ende ist seit dem Bestehen unserer Anstalt eine mannichfache Correspondenz mit Regierungs- und Ortsbehörden über die allgemeinen Zwecke der Anstalt wie über das Schicksal auswandernder Angehörigen geführt worden, vor allen Dingen aber die Verbindung mit den an andern Orten, sowohl in Deutschland als auch in transatlantischen Ländern existirenden Vereinen zum Besten von Auswanderern vermehrt, unterhalten und befestigt worden. Der Verkehr mit diesen jenseits des Oceans bestehenden Wohlthätigkeitsvereinen ist wiederholt als eine wesentliche Bedingung für die Erreichung der Zwecke des hiesigen Institutes erklärt worden und der vorzüglichste Rath, der hier gegeben werden kann, geht dahin, die „Deutschen Gesellschaften" bei der Ankunft im überseeischen Hafen aufzusuchen. Die ihrer Vermittelung entsprungenen Verhaltungsregeln, die das Nachweisungs-Bureau thunlichst nach den alljährlich neu hinzukommenden Erfahrungen zu verbessern bemüht ist, und die den Auswanderern auf den Comptoiren des Bureaus, wie auf sonstige Weise in die Hände gegeben werden, bilden die einzig geeignete Richtschnur, die Ankömmlinge vor Betrug oder doch vor unnöthigen Ausgaben zu schützen und ihnen dieselbe unentgeltliche Unterstützung drüben angedeihen zu lassen, welche diesseits zu verleihen das Bestreben der hiesigen Anstalt ist.

Wir verweisen zu näherer Kenntnißnahme auf die diesem Berichte beigefügten Verhaltungsregeln für **Newyork, Baltimore, Philadelphia, New-Orleans, St. Louis, Texas, Quebec.**

Für die Beförderung der Auswanderer von ihrem Heimathsorte bis zum Verschiffungshafen haben sich namentlich die von den Eisenbahnverwaltungen ermäßigten Preise sowie die auf Mitanregung der Direction des Nachweisungs-Bureaus in's Leben gerufenen Extrazüge für Auswanderer bewährt, welche solche Personen, die sich als Auswanderer legitimiren, von Cöln und Leipzig aus in einem Tage nach Bremen schafften und nur an den Zwischenstationen anhielten, an welchen eine Ansammlung solcher Reisenden zu erwarten ist. Diese Extrazüge fanden in den lebhafteren Auswanderungsjahren viermal monatlich in Anschluß an die auf den 1. und 15. jeden Monats fallenden Haupt=expeditionstage, und in den letzten Jahren je nach Bedürfniß statt. Für Diejenigen, welche diese Züge benutzten, trat neben der Ersparung für die Beförderung noch der Vortheil hervor, daß der Aufenthalt in Bremen und die Kosten hierfür auf das möglichste Minimum sich reducirten.

Diejenigen Rathschläge unseres Nachweisungs=Bureaus, welche von den Auswanderern beherzigt werden sollten, noch ehe sie überhaupt die Heimath verlassen, können von hier aus nicht oft genug wiederholt und allen Menschenfreunden nicht dringend genug zur Weiterverbreitung empfohlen werden. Das hauptsächlichste Erforderniß Aller, die jenseits des Oceans sich anzusiedeln gedenken, ist ein **gesunder Körper**. Die Gesetze der Vereinigten Staaten schließen die Landung zu alter, sowie kranker, verkrüppelter und hülfloser Personen, zu welchen letzteren unter Andern Frauenzimmer mit Kindern aber ohne Ehemann, sowie unverheirathete schwangere Frauenspersonen gerechnet sind, insofern nicht eine ansehnliche Caution geleistet wird, streng aus, und jeder Hafenplatz wacht über genaue Befolgung der desfallsigen Vorschriften. Von Seiten des amerikanischen Consulats in Bremen ist auf die gedachten Vorschriften in den letzten Jahren wiederholt durch öffentliche Blätter aufmerksam gemacht worden. Einzelne bremische Rheder, deren Capitaine in der Annahme von Passagieren nicht die gehörige Vorsicht beobachteten, haben nicht unbedeutende Kosten für Verpflegung solcher hülfloser in Amerika gelandeter Personen bezahlen und beziehentlich Caution leisten müssen, so daß die Capitaine neuerdings mit mehr Vorsicht und Strenge verfahren.

Neben der physischen Fähigkeit zu arbeiten, sind den Auswanderern aber auch einige Geldmittel unentbehrlich, und zwar nicht bloß zur Bestreitung der Passage- und sonstigen Reisekosten, sondern auch, um in der neuen Welt wenigstens einen kleinen Zehrpfennig vorräthig zu haben. Leider mußten auch in den letzten beiden Jahren verschiedene Arme, die gemeint waren, unentgeltlich oder doch gegen Leistung von Hülfsdiensten auf bremischen Schiffen befördert zu werden, wieder in ihre Heimath zurückkehren. So kam, um nur einen Fall unter vielen zu erwähnen, im März 1860 ein Schneider mit Frau und 5 Kindern aus dem Regierungsbezirk Magdeburg in Bremen an. Derselbe hatte einem hiesigen Schiffsexpedienten 15 Thaler Cour. als Handgeld zur Reise nach Neworleans eingeschickt, brachte jedoch außerdem nur noch 43 Thaler mit, welche Summe großentheils in seiner Heimathgemeinde durch milde Gaben zusammengebracht war. Da an ein Zusammenbringen oder Erlassen der noch fehlenden 60 Thaler Cour. schwerlich zu denken war, so kehrte der Mann mit seiner Familie wieder in seine Heimath zurück. Von Seiten der Direction des Nachweisungs-Bureaus wurde an die königl. Regierung zu Magdeburg über diesen Vorfall Bericht erstattet und gebeten, derartigen gänzlich unbemittelten Personen von der Auswanderung nach Amerika doch möglichst abzurathen. Wir erlauben uns hierdurch nochmals die Behörden des Inlandes zu bitten, bei der Ertheilung von Auswandererconsensen an solche gänzlich mittellose und hülflose Personen vorsichtig zu sein.

Seit dem Bestehen unserer Anstalt ist die Beförderung deutscher Auswanderer durch Freischeine zur Ueberfahrt, welche die in Amerika wohnhaften Verwandten einsenden, immer häufiger geworden. Zahlreiche Auswanderer erhalten die Mittel zur Ueberfahrt von drüben auch durch Wechsel oder Anweisungen auf hiesige Häuser. Es ist indessen mehrfach vorgekommen, daß die aus Amerika eingesandten Freischeine nicht in Ordnung oder nicht genügend waren, oder daß dieselben von Newyorker Häusern auf hiesige Schiffsexpedienten ausgestellt waren, die behaupteten, mit den betreffenden Ausstellern nicht mehr in Geschäftsverbindungen zu stehen und für sie keine Passagiere mehr befördern zu wollen. Manche Auswanderer sind dadurch in große Verlegenheit gekommen und mußten wieder in ihre Heimath zurückkehren. Wir können daher nur rathen, nicht auf allgemeine Versprechungen früher ausgewanderter Personen, daß sie Geld oder Passagescheine nach Bremen senden wollen, die Reise anzutreten. Jedenfalls empfiehlt es sich, vor der Abreise vom Inlande aus bei den betreffenden Schiffsexpedienten oder bei unserm Bureau Erkundigungen einzuziehen, da jederzeit von hier aus gern Auskunft ertheilt wird. Obwohl sich unser Bureau nicht mit irgend einem directen Geschäftsbetriebe befaßt, so vermittelt es doch bereitwillig und unentgeltlich Schiffsgelegenheiten in der Art, daß es Anfragen den hiesigen obrigkeitlich concessionirten Passagierexpedienten oder angestellten Schiffsmaklern zur Erledigung überweist.

Nach den in einer Reihe von Jahren häufig gemachten Erfahrungen ist es dem Auswanderer anzurathen, sofern er sich in dem zu Hause abgeschlossenen Vertrage nicht bereits kostenfreie Beförderung für sich und seine Habe nach Bremen gesichert hat, seine Reise hierher möglichst selbstständig zu besorgen, die Effecten stets bei sich zu behalten und auch darauf zu achten, daß sie stets auf seinen Namen geschrieben werden. Die Uebergabe derselben an Spediteure hat immer unnöthige Kosten, oft unnöthigen Aufenthalt, ja selbst zur

Folge gehabt, daß sie nicht rechtzeitig hier eingetroffen sind. — Leider ziehen sich viele Auswanderer durch ihre eigene Unerfahrenheit Verluste zu, welche oft nur durch Zufall ersetzt oder gemildert werden konnten. So kam, um ein Beispiel zu erwähnen, am 16. September v. J. ein Mann mit Frau und drei Kindern aus Düsseldorf hier an, um nach Neworleans weiter zu reisen. Bei der Abreise hatten sie gleich Eisenbahnbillets bis ganz nach Bremen genommen, in Minden angekommen begingen sie jedoch den Fehler, die Fahrt von Minden nach Bremen noch einmal zu bezahlen. Es gelang der Direction des Nachweisungs-Bureaus, durch die freundliche Vermittelung der königlich hannoverschen Eisenbahnverwaltung, diesen armen Leuten noch rechtzeitig wieder zu ihrem Gelde zu verhelfen. Keinen so guten Erfolg hatte die am 18. Juni v. J. bei dem hiesigen Bureau angebrachte Reclamation von 8 Auswanderern aus Baiern, Rheinpreußen und Nassau, welche sich darüber beschwerten, daß bei Empfangnahme ihrer Sachen am hiesigen Bahnhof die Kisten und Koffer theilweise zerbrochen und von dem Inhalte Mehreres entwendet worden sei. Die gedachten Auswanderer brachten bei uns zur Anzeige, daß bei ihrem Eintreffen in Cöln per Dampfschiff ihre Effecten alle unversehrt gewesen und von dort per Fuhre weiter nach Deutz transportirt worden seien, um noch an demselben Tage nach Bremen weiter geschickt zu werden; da es jedoch schon zu spät gewesen, seien die Sachen bis zum andern Morgen in einem Packhause untergebracht worden. Als sie am andern Morgen sich nach ihren Sachen hätten umsehen und beim Einladen behülflich sein wollen, habe man ihnen dies nicht erlaubt und seien sie von den Arbeitern aus dem Packhause vertrieben worden. Seitdem hätten sie ihre Kisten nicht eher wieder gesehen als bei der Ankunft in Bremen und sei demnach anzunehmen, daß die fehlenden

Sachen bereits in Deutz entwendet worden seien, da die Wagen, in denen die Güter verladen wurden, nach geschehener Verpackung plombirt worden und die Wagen nebst Plomben unbeschädigt in Bremen angekommen seien. Die in Folge dieser Anzeige Seitens des Nachweisungs=Bureaus ergriffenen Schritte haben den betreffenden Auswanderern leider nicht zum Ersatz ihres Schadens verholfen, da laut der uns eingesandten Protokolle die auf der Station Deutz betheiligten Angestellten aussagten, daß die Kisten bereits im beschädigten Zustande angekommen seien, daß die entwendeten Gegenstände bereits gefehlt hätten und daß die Entwendung auf dem Dampfschiffe geschehen sein müsse. Uebrigens ist in Folge dieses Vorfalls von Seiten der Güterinspection in Deutz angeordnet worden, daß die Auswanderer=Effecten künftig nur im Beisein des betheiligten Auswanderer=Agenten oder eines zuverlässigen Bevollmächtigten abgenommen, verwogen, verladen und plombirt werden sollten.

Es würde zu weit führen, die Wirksamkeit unserer Anstalt noch durch andere bestimmte Beispiele zu illustriren, es möge daher nur noch im Allgemeinen angeführt werden, daß die Fälle des zu späten Eintreffens der Auswanderer in Bremen, das Verlieren von Passagescheinen, Krankheit und dadurch erforderlicher Aufschub der Reise und manche andere Beschwerden der Thätigkeit und Vermittlung des Bureaus ein weites Feld geöffnet haben.

Es ist auch in den letzten Jahren wiederholt vorgekommen, daß Auswanderer mit verschiedenen Agenten Contracte wegen der Ueberfahrt abgeschlossen oder daß sie dem einen Expedienten bereits Handgeld eingesendet hatten und sodann bei ihrer Ankunft in Bremen ihre Passagescheine bei einem andern Expedienten lösten, um mit Leuten, die sie unterwegs kennen gelernt hatten, auf einem und demselben

Schiffe befördert zu werden. Wir können die Auswanderer nur davor warnen, bereits eingegangene feste Contracte zu verletzen, da sie gegen die daraus entstehenden Nachtheile von uns nicht geschützt werden können.

Anlangend die von den Auswanderern gezahlten Passagepreise, so ist uns zu wiederholten Malen eine Verwunderung darüber ausgesprochen worden, daß dieselben stetem Schwanken ausgesetzt, mitunter sogar Personen für dasselbe Schiff um verschiedene Beträge engagirt seien. Man vergißt dabei, daß, wie überall so auch hier, der Werth von Sachen und Leistungen je nach der Nachfrage und dem Angebote geregelt, eine raschere Fluctuation bei dem in Rede stehenden Geschäftszweige aber durch eine Menge flüchtig wechselnder Zufälligkeiten, welchen derselbe unterworfen ist, hinlänglich motivirt wird. Nach den bezüglich der Höhe der Passagepreise in den letzten 10 Jahren in Bremen gemachten Erfahrungen haben die Jahre der stärksten Auswandererbeförderung 1852, 1853 und 1854 auch die höchsten Passagepreise gehabt. Im Jahre 1854, wo Bremen die nie wieder erreichte Zahl von 76,875 Auswanderern beförderte, stiegen die Passagepreise für Zwischendecks-Passagiere nach Newyork und Baltimore bis zu 50 Thalern und darüber. In den letzten beiden Jahren 1859 und 1860 sind sie bis auf 25 Thaler und noch weiter heruntergegangen.

Fast einem jeden der bisher von der Direction erstatteten Berichte ist ein Verzeichniß der hier zurückgebliebenen Colli mit Auswanderergut, deren Eigenthümer nicht zu ermitteln gewesen, beigefügt worden. Da die meisten dieser zurückgebliebenen Auswanderer-Effecten schon Jahre lang hier verwahrt werden, ohne daß es gelungen ist, sie an gehöriger Stelle unterzubringen, so erachtete es die Direction für zweckmäßig und nothwendig, unter Hinzuziehung von Zeugen eine Eröffnung der Kisten vornehmen zu lassen, um die Namen und Adressen der Absender oder Eigenthümer und beziehendlich ihrer Verwandten ausfindig zu machen. Es ist dies auch in vielen Fällen gelungen und in Folge dessen von Seiten des Bureaus zunächst an die betreffenden deutschen Heimathsorte der Auswanderer und ihre zurückgebliebenen Anverwandten geschrieben worden. Hierauf sind eine Reihe von Antworten aus den verschiedensten Gegenden Deutschlands eingegangen. Diejenigen Personen, welche sich als die nächsten Anverwandten der Eigenthümer jener Kisten legitimirten, haben die zurückgebliebenen Effecten auf ihren Wunsch theilweise schon zugesandt erhalten. Andere haben gebeten, die Kisten noch so lange zu verwahren, bis Nachrichten aus Amerika von den Eigenthümern jener Effecten eingehen. Aus der so geführten Correspondenz haben wir ersehen, daß die Kunde von dem Bestehen des hiesigen Nachweisungs-Bureaus und von seinen Zwecken im Inlande durchaus noch nicht verbreitet genug ist, da man sich sonst schon eher hierher gewendet haben würde. — Wir haben diesem Berichte wiederum ein Verzeichniß derjenigen Colli mit Auswanderergut, die am Bahnhof in Bremen, am Sicherheitshafen in Bremen und im Auswandererhause in Bremerhaven stehen geblieben sind, beigefügt.

In Folge der Obrigkeitlichen Verordnung vom 26. März 1858 werden die Passagiere stets nur auf Dampfschiffen oder Fahrzeugen, die von Dampfschiffen geschleppt werden, von der Stadt Bremen nach dem Einschiffungsplatze befördert. Es sind dadurch die vormals gerügten Mißstände des Transports auf Weserkähnen gänzlich beseitigt. Um indessen einzelnen Klagen über vorgekommene Unzuträglichkeiten und mangelnde Sicherungsmaßregeln bei Ankunft der Schiffe in Bremerhaven vollständig abzuhelfen, wurde von Seiten der Direction des Nachweisungs-Bureaus angeordnet, daß unser erster Beamter, Herr Grimm, die Auswanbererfähne nach Bremerhaven begleite, um an Ort und Stelle allen Beschwerden abzuhelfen. Diese Begleitung hat denn auch bei den Expeditionen der Auswanderer in letzter Zeit regelmäßig stattgefunden und sind dadurch die früher vorgekommenen Unzuträglichkeiten beseitigt worden.

Die Rathschläge und Verhaltungsregeln, welche von Seiten des Nachweisungs-Bureaus den Auswanderern empfohlen und ihnen gedruckt hier in die Hände gegeben werden, sind diesem Berichte beigefügt. Nachdrücklich muß auch diesmal wieder hervorgehoben werden, daß sich der Auswanderer unter keinen Umständen schon in Deutschland mit Billets (tickets) zur Weiterbeförderung (auf Eisenbahnen, Dampfschiffen, Kanalböten u. s. w.) von dem überseeischen Landungsplatze nach dem Innern versehen möge. Er wird dadurch nie Etwas gewinnen, wohl aber unmittelbaren Nachtheil erleiden und vielfacher weiterer Gefahr ausgesetzt werden können. In Bremen ist der Verkauf solcher Billets obrigkeitlich verboten.

Eine in unsern früheren Berichten nicht besonders betonte, neuerdings aber namentlich von der „Deutschen Gesellschaft in Neworleans" eingeschärfte Warnung ist gegen das Einschmuggeln von Waaren gerichtet. Der neueste Jahresbericht der gedachten Gesellschaft spricht sich darüber folgendermaßen aus: „Große Schwierigkeiten, Unannehmlichkeiten, ja selbst Verluste erwuchsen schon früher, aber in diesem Jahre besonders solchen Einwanderern, die den Versuch gemacht hatten, Waaren einzuschmuggeln. Es scheint, daß sich gewisse Leute ein Geschäft daraus machen, von hier aus nach Deutschland zu reisen und mit einer Anzahl von oft fünfzig bis hunderten unter ihrer Obhut stehender Einwanderer als deren Führer zurückkehren und an diese während der Reise Effecten austheilen, um solche, in deren Kisten verpackt, einzuschwärzen. Einzelne der Einwanderer werden von den die Passagier=Effecten untersuchenden Zoll=Beamten entlarvt und zur Verantwortung gezogen, ohne von jenen, ihren speculativen Führern, nur die Genugthuung einer offenen Erklärung des wirklichen Herganges der Sache erlangen zu können. Letztere lassen einen geringen Theil ihrer unerlaubten Einfuhr im Stiche und ziehen sich so auf Kosten ihrer unerfahrenen Landsleute aus der Schlinge, den Nutzen des saubern Geschäfts für sich allein in Anspruch nehmend".

Derselbe „dreizehnte Jahresbericht der deutschen Gesellschaft von Neworleans" hebt hervor, daß die „deutsche" Einwanderung über Holland, England und Belgien fast ganz aufgehört habe und beweist diese Thatsache mit statistischen Belegen. Anlangend die Behandlung der Auswanderer auf hiesigen Schiffen, so sind die in den ersten Jahren des Bestehens des Nachweisungs=Bureaus dann und wann hierher gelangten Klagen fast gänzlich verstummt, um so bedauerlicher sind die im Jahre 1858 in Sydney laut gewordenen Beschwerden über die Behandlung auf deutschen Auswandererschiffen, welche das „Government Immigration Office in Sydney" zu einer nähern Untersuchung der gerügten Vorfälle veranlaßt haben. Diese Vorfälle betreffen zwar ein nichtbremisches Schiff; da dasselbe aber von der Weser expedirt wurde, ordnete die dießseitige Behörde für das Auswandererwesen sofort eine Untersuchung an; das Schiff, welches zu Beschwerden Veranlassung gegeben hatte, ist jedoch noch nicht wieder nach der Weser zurückgekehrt und man hat den Capitain noch nicht persönlich zur Verantwortung ziehen können. Wir halten es für gerecht und billig, mit einem Urtheile über das Verfahren des Capitains und seiner Mannschaft so lange zurückzuhalten, bis der angeklagte Theil gehört ist und wissen, daß man die erhobene Klage fortdauernd im Auge behalten und im Fall erwiesener Verschuldung mit unnachsichtiger Strenge verfahren wird.

Die bremische Gesetzgebung für Auswanderer ist in den beiden letzten Jahren durch die Obrigkeitliche Verordnung vom 23. Februar 1859, die Besichtigung und Verproviantirung von Auswandererschiffen betreffend, bereichert worden. Es wird dadurch von Neuem die Sorgfalt bethätigt, welche der Ausrüstung der Passagierschiffe vom Bremischen Staate gewidmet wird. Zu näherer Kenntnißnahme sind die im Interesse der Auswanderer bisher Bremischerseits erlassenen Gesetze in diesem Berichte mit abgedruckt. — Gleichzeitig erwähnen wir, daß auf Veranlassung der Bremer Handelskammer im letzten Jahre auch ein sehr zweckmäßig befundener Leitfaden für die Behandlung Kranker auf Auswandererschiffen von Dr. Runge erschienen ist.

Die nachfolgenden statistischen Notizen mögen das Bild, welches in diesem Berichte natürlich immer unvollständig bleiben wird, einigermaßen ergänzen. Sie enthalten einen Ueberblick über die Auswandererbeförderung über Bremen seit dem Jahre 1832, und behandeln namentlich speciell die Resultate der Auswanderung über Bremen in den letzten 10 Jahren, worüber seit dem Bestehen unserer Anstalt genauere Angaben gesammelt sind. Sowohl die Bestimmungsorte, nach denen sich der Zug der Auswanderer bewegte, als auch die Betheiligung der verschiedenen Flaggen an der Auswandererbeförderung über Bremen sind in den nachstehenden Tabellen für den Zeitraum der letzten 10 Jahre genau verzeichnet. Ingleichen ist eine Tabelle über die Zahl der Personen, welche sich seit dem nunmehrigen zehnjährigen Bestehen des hiesigen Nachweisungs-Bureaus an dessen verschiedene Comptoire gewendet und von denselben Kost und Logis nachgewiesen erhalten haben, dem Berichte beigefügt.

Wir schließen unsern Bericht mit dem Wunsche, daß die durch die bewährte Treue und Umsicht unserer Beamten ermöglichte Wirksamkeit des Nachweisungs-Bureaus einen weitern gesegneten Fortgang haben möge.

Bremen, den 31. Decbr. 1860.

Die Direction

des Nachweisungs-Bureaus für Auswanderer.

Namens derselben

(gez.) W. F. Barkhausen.

Anhang.

Total-Auswanderung über Bremen in den Jahren 1859 und 1860.

Laut Aufgabe der Inspection für das Auswandererwesen wurden befördert:

Monat	1860. Schiffe	Dampfschiffe	Passag.	Monat	1859. Schiffe	Dampfschiffe	Passag.
Januar...	—	—	—	Januar...	1	1	120
Februar u. März	16	1	2304	Februar u. März	11	2	1866
April.....	18	1	4125	April....	16	2	3127
Mai.....	14	—	3929	Mai.....	14	1	2849
Juni.....	8	1	2311	Juni.....	8	1	1636
Juli.....	9	1	2375	Juli.....	6	2	1280
August...	13	1	3696	August...	9	1	2358
September	25	2	6740	September	15	1	4485
October...	17	—	2908	October...	13	3	3294
November.	12	2	1473	November.	9	1	942
December.	2	1	267	December.	2	1	141
Total..	134	10	30128	Total..	104	16	22098

Danach sind im Jahre 1860 mehr befördert: 8030 Passagiere und 34 Segelschiffe, dagegen 6 Dampfschiffe weniger, als in 1859.

— 18 —

Es befanden sich auf den **1860** expedirten
      10 Dampfschiffen 3541 Pass. incl. Säugl.,
auf den 134 Segelschiffen 26,587 „ „ „

      Total . . . . . 30,128 Pass. incl. Säugl.

Davon wurden expedirt im

Monat	Segelschiff		Dampfschiff	Pass. incl. Säugl.
Februar in	1 Segelschiff u.	1 Dampfschiff		248 Pass. incl. Säugl.
März „	15 „	— „		2056 „ „
April „	18 „	1 „		4125 „ „
Mai „	14 „	— „		3929 „ „
Juni „	8 „	1 „		2311 „ „
Juli „	9 „	1 „		2375 „ „
August „	13 „	1 „		3696 „ „
Septbr. „	25 „	2 „		6740 „ „
Octbr. „	17 „	— „		2908 „ „
Novbr. „	12 „	2 „		1473 „ „
Decbr. „	2 „	1 „		267 „ „

Total in   134 Segelschiff. u. 10 Dampfschiff. 30128 Pass. incl. Säugl.

Davon reisten nach

Newyork	in 58 Segelschiff. u. 10 Dampfschiff.		15490 Pers.
Neworleans	„ 24 „		5433 „
Baltimore	„ 34 „		7006 „
Philadelphia	„ 4 „		385 „
Galveston	„ 10 „		1492 „
Charleston S.C.	2 „		245 „
RioGrande doSul	2 „		77 „

Total in   134 Segelschiff. u. 10 Dampfschiff. 30128 Pers.

Im Jahre 1859 waren die Expeditionen laut Aufgabe der Inspection für das Auswandererwesen wie folgt: im

Monat	Segelschiff	Dampfschiff	Pass. incl. Säugl.
Januar in	1 Segelschiff u.	1 Dampfschiff	120 Pass. incl. Säugl.
Februar „	1 „	1 „	160 „ „ „
März „	10 „	1 „	1706 „ „ „
April „	16 „	2 „	3127 „ „ „
Mai „	14 „	1 „	2849 „ „ „
Juni „	8 „	1 „	1636 „ „ „
Juli „	6 „	2 „	1280 „ „ „
August „	9 „	1 „	2358 „ „ „
Septbr. „	15 „	1 „	4485 „ „ „
Octbr. „	13 „	3 „	3294 „ „ „
Novbr. „	9 „	1 „	942 „ „ „
Decbr. „	2 „	1 „	141 „ „ „

Total in 104 Segelsch. u. 16 Dampfsch. 22098 Pass. incl. Säugl.

Davon waren bestimmt nach

Ort	Schiffe	Dampfschiff	Pers.
Newyork	in 46 Schiff. u.	15 Dampfschiff.	12812 Pers.
Neworleans	„ 20 „	. . . .	3929 „
Baltimore	„ 22 „	. . . .	3625 „
Philadelphia	„ 5 „	. . . .	400 „
Quebec	„ 1 „	. . . .	62 „
Galveston	„ 6 „	. . . .	683 „
Charleston S. C.	„ 2 „	. . . .	179 „
Rio Grande do Sul	„ 2 „	. . . .	278 „
Narva (Rußland)	. . . .	1 Dampfschiff	130 „

Total in 104 Schiff. u. 16 Dampfschiff. 22098 Pers.

Uebersicht

der seit 1832 über Bremen nach fremden Welttheilen beförderten Passagiere.

1832	10344	Transp.	218901
1833	8891	1847	33682
1834	13086	1848	29947
1835	6185	1849	28629
1836	14137	1850	25776
1837	15087	1851	37493
1838	9312	1852	58551
1839	12412	1853	58511
1840	12806	1854	76875
1841	9594	1855	31350
1842	13619	1856	36511
1843	9927	1857	49399
1844	19857	1858	23095
1845	31822	1859	22098
1846	32372	1860	30128
Transp.	218901.	Total..	761696.

Vom 1. Januar bis 31. December 1860 wandten sich an das Nachweisungsbureau für Auswanderer, und zwar:
an das Comptoir im Bahnhofsgebäude 19136 Personen;
„ „ „ am Schütting . . 6584 „
Total im Jahre 1860 . 25720 Personen.

Von diesen Personen erhielten Kost und Logis nachgewiesen:
am Comptoir im Bahnhofsgebäude . 3219 Personen;
„ „ am Schütting. . . . . 43 „
Zusammen . 3262 Personen.

Amerikanische	23	39
Bremische	176	215
Andere deutsche	21	—
Englische	—	30
Oldenburger	—	31
Hannoversche	—	12
Holländische	—	3
Preußische	—	3
Mecklenburgische	—	1
Belgische	—	1
Schwedische	—	1
Russische	—	2
Hamburgische	—	1
Dänische	—	—
Norwegische	—	—
Columbische	—	—
Venezuelische	—	—

— 21 —

Während desselben Zeitraums sind vorgekommen und hiesigen Behörden überwiesen . . . . . — Differenzfälle durch das Nachw.=Bureau sofort erledigt . 24 „

Zusammen . 24 Differenzfälle

Weniger als im Jahre 1859 . 13 Differenzfälle.
Briefe sind angekommen 49
„   „   abgegangen 53

Gesammtzahl . 102

Die Zahl der Directions=Versammlungen vom 1. Jan. bis 31. Decbr. 1860 betrug 32.

Vom 1. Januar bis 31. December 1859 wandten sich an das Nachweisungs=Bureau für Auswanderer und zwar an das Comptoir im Bahnhofsgebäude . 10140 Pers.
„ „ „   am Schütting . . . . 2934 „

Total im Jahre 1859 . 13074 Pers.

Von diesen Personen erhielten Kost und Logis nach= gewiesen:
am Comptoir im Bahnhofsgebäude . . 1014 Personen;
„   „   am Schütting 16   „

Zusammen . 1030 Personen.

Während desselben Zeitraums sind vorgekommen und hiesigen Behörden überwiesen . . . . . 2 Differenzfälle. durch das Nachw.=Bureau sofort erledigt 35 „

Zusammen . 37 Differenzfälle.

Weniger als im Jahre 1858 . 14 Differenzfälle.
Briefe sind angekommen 45
„   „   abgegangen 54

Gesammtzahl . 99

Die Zahl der Directions=Versammlungen vom 1. Jan. bis 31. Decbr. 1859 betrug 27.

— 22 —

Von 1851 bis 1860 wandten sich an's Nachweisungs-Bureau für Auswanderer und erhielten von demselben Kost und Logis nachgewiesen:

Jahr	Es wandten sich an's Bureau:				Es erhielten Kost und Logis nachgewiesen vom Bureau:			
	am Bahnhof	am Altenwall	am Schütting	Total	am Bahnhof	am Altenwall	am Schütting	Total
1851	8124 Pers.	1761 Pers.	4494 Pers.	14379 Pers.	3118 Pers.	594 Pers.	61 Pers.	3773 Pers.
1852	17184 "	5074 "	6495 "	28753 "	5202 "	473 "	103 "	5778 "
1853	24382 "	4091 "	8026 "	36499 "	5081 "	210 "	91 "	5382 "
1854	26500 "	5721 "	9459 "	41680 "	7002 "	325 "	63 "	7390 "
1855	11641 "	2175 "	3863 "	19679 "	2252 "	21 "	45 "	2318 "
1856	16949 "	1583 "	6370 "	24902 "	1923 "	131 "	38 "	2092 "
1857	23560 "	1053 "	6702 "	31315 "	2207 "	— "	21 "	2228 "
1858	12360 "	— "	3564 "	15924 "	1203 "	— "	24 "	1227.
1859	10140 "	— "	2934 "	13074 "	1014 "	— "	16 "	1030 "
1860	19136 "	— "	6584 "	25720 "	3219 "	— "	43 "	3262 "
Total von 1851 bis 1860				251925 Pers.	Total von 1851 bis 1860			34480 Pers.

Verzeichniß
zurückgebliebener Auswanderereffecten.

a. am Bahnhof in Bremen:

1 brauner Koffer, gemärkt Ludwig Bott, Zimmermann, Bremen.
1 brauner Koffer, gemärkt Babetta Rosenberger.
1 schwarzer Koffer, gemärkt C. B. 5.
1 dunkelgrüne Kiste, gemärkt Joh. Rodolf Hulzhalb.
1 weiße Kiste, gemärkt Heinrich Gauß-Elserdissen.
1 Sack, gemärkt O., Gepäck Nr. 460, enthaltend Bett- und Kleidungsstücke.
1 Sack, gemärkt Rockemann, Neworleans 100, von Minden nach Bremen.
1 blau und weiß gestreifter Sack, gemärkt Saul Sülfeld und Ilse Dorothie Wilkens 1845, von Braunschweig nach Bremen.
1 blau und weiß carrirtes Bettstück.
3 blau und weiß carrirte Schürzen.
1 alter brauner Düffelrock.
1 do. schwarzer Gehrock.

b. am Sicherheitshafen in Bremen:

1 weiße Kiste, gemärkt Loise Nüsmanns.
1 Kiste, anscheinend gemärkt E 05.

c. im Auswandererhause zu Bremerhaven:

1 Kiste, gemärkt Heinrich Pöhler, Gemeinde Holzhausen.
1 kleine weiße Kiste, gemärkt I. W.
1 großer schwarzer Koffer ohne Märk.
2 Kisten, gemärkt Auswanderergut für J. Müller aus Arolsen.
1 Kiste ohne Märk.
1 Kiste, gemärkt Johannes Bach.
1 weiße Kiste, gemärkt Martin Hller.
1 bunte platte Kiste ohne Märk.
1 weiße Kiste, gemärkt H. R.
1 polirte Commode mit 3 Auszügen ohne Märk.
1 schwarzer Koffer ohne Märk.
1 dunkelgrüner Koffer ohne Märk.
1 weißer Koffer, gemärkt C. Braun Nr. 1.
1 Schließkorb ohne Märk.
1 rothbraune Kiste, gemärkt Kunigunde Bock.
1 Bündel altes Zeug.
1 eiserner Topf.

Auswanderern

werden folgende Verhaltungsregeln und Winke für ihren Aufenthalt in Bremen, Bremerhaven und auf dem Seeschiffe zur Berücksichtigung empfohlen:

1) In **Bremen** erholt sich der Auswanderer allen Rath, dessen er bedürftig ist, am Besten von dem Nachweisungs-Bureau für Auswanderer, welches in allen Fällen durch beeidigte Beamte ganz unentgeltlich Auskunft ertheilt. Ein Comptoir desselben befindet sich im Bahnhofsgebäude. Dieses ist aber vorzugsweise bestimmt, die ankommenden Auswanderer zu bedienen und von dem zu unterrichten, was zunächst für sie nöthig oder zweckmäßig erscheint. Wer dann noch weiter sich belehren oder Beschwerden erheben will, wende sich an das Comptoir des Nachweisungs-Bureau's unterm Schütting, am Markte.

2) Um die Auswanderer vor Uebervortheilung zu schützen, sind mit hiesigen Gastwirthen Verabredungen getroffen, nach welchen dieselben in ihre Wirthslokale nicht mehr Personen aufnehmen dürfen, als bequem darin logiren können, auch an bestimmte Taxen für Logis, Beköstigung und Gepäckexpedition, welche den Auswanderern eingehändigt werden, gebunden sind.

3) Das Nachweisungs-Bureau behändigt den Auswanderern zu gleichem Zwecke einen Durchschnitts-Preis-Courant über ihre gewöhnlichen Bedürfnisse während der Seereise, namentlich Matratzen, Blechgeschirr, wollene Decken u. s. w.

4) Entstehen Klagen über schlechte Behandlung, Prellereien oder dgl., so versucht das Nachweisungs-Bureau unterm Schütting entweder selbst Abhülfe zu

schaffen oder solche durch genaue Angabe der betreffenden obrigkeitlichen, richterlichen oder sonstigen Behörde zu gewähren. Es ertheilt ferner in den geeigneten Fällen die Adressen der Herren Consuln, zuverlässigen Rechtsbeiständen u. s. w.

5) Auswanderer werden dringend gewarnt, schon vor ihrer Ankunft in Amerika oder Australien Land anzukaufen, indem sie sehr leicht betrogen werden. Nach ihrer Ankunft in Nordamerika erhalten sie auch hierzu die beste Anweisung durch die Deutsche Gesellschaft.

6) Unter keinerlei Umständen lasse sich der Auswanderer Billets (tickets) zu Weiterbeförderung von dem überseeischen Hafen nach dem Innern aufdringen. Ein Vortheil, diese Billets schon in Deutschland zu kaufen, ist nie damit verbunden, aber oft großer Nachtheil, und selbst Betrug. In Bremen ist der Verkauf solcher Billets Obrigkeitlich verboten. Auch nach erfolgter Ankunft in Amerika muß man sich vor dem Ankaufe solcher Billets sorgfältig hüten, und nur den Rath der Deutschen Gesellschaft befolgen.

7) Eine Hauptregel für Auswanderer ist, nicht zu viel Gepäck nach der neuen Heimath mitzunehmen. Es wird meist besser sein, das Ueberflüssige selbst mit einigem Schaden hier zu verkaufen, als in Amerika für die Weiterbeförderung theures Geld auszugeben, zumal dort häufig ganz andere Bedürfnisse vorwalten.

8) Geld und Pretiosen sind auf dem Seeschiffe am Sichersten beim Capitain aufgehoben. Doch lasse man sich, um alle Mißverständnisse zu beseitigen, einen Schein über das in Aufbewahrung Gegebene ausstellen.

9) Den Auswanderern wird empfohlen, in sofern sie dies nicht schon früher gethan haben sollten, in Bremen ihr Geld in die am Orte ihrer Bestimmung gangbarsten Münzen oder Wechsel umzusetzen. Wechsel — am besten nach Sicht — erhält man von jedem respectablen Handlungs- oder Banquierhause. Wegen des Umsatzes in andere Münzen wende man sich aber an zuverlässige Geldwechsler, als welche u. A. die Herren

    G. E. Mecke & Co., Wachtstraße Nr. 26,
    J. Schultze & Wolde, Stintbrücke Nr. 1,
    J. S. Cohen, Langenstraße Nr. 140,
    E. L. Beneke, Obernstraße Nr. 14,

bekannt sind, die ebenfalls Wechsel ausstellen. Der Ordnung halber lasse man sich auch von diesen stets eine Abrechnung über die geschehene Einwechslung geben. Die Course amerikanischer Münzen und Wechsel sind im Comptoir des Nachweisungs-Bureau's am Markte zu erfahren.

10) Jeder lese die ihm von seinem Schiffsexpedienten eingehändigten gedruckten „Bedingungen der Ueberfahrt" aufmerksam durch und präge sich deren Inhalt genau ein. Hier wird besonders darauf aufmerksam gemacht, daß Tabackrauchen und Feueranmachen im Zwischendeck, sowie die Mitnahme von Reibzündhölzern und Pulver überhaupt verboten ist, Waffen aber auf Verlangen dem Capitain während der Seereise in Verwahrung zu geben sind.

11) Die Kosten der Reise der Passagiere von Bremen nach Bremerhaven auf Dampfschiffen, oder auf Fahrzeugen, die von Dampfschiffen geschleppt werden, trägt der Rheder oder Schiffs-Expedient, jedoch hat auf dieser Flußfahrt Jeder für seine Beköstigung selbst zu sorgen; wer indeß eine noch bequemere und raschere Fahrt dahin auf eigene Kosten vorzieht, findet solche mehre Male täglich auf guten Dampfschiffen zu festen billigen Preisen.

12) Von dem in den Ueberfahrtsbedingungen festgesetzten Tage der Ankunft im Hafenplatze an beginnt sofort freies Logis und freie Beköstigung, entweder an Bord des für die Passagiere bestimmten Seeschiffes oder im Falle einer Verzögerung, ebenfalls für Rechnung der Rheder oder Expedienten, in dem von diesen anzuweisenden Logirhause. In der Regel wird letzteres das große „Auswandererhaus" zu Bremerhaven sein. Wenigstens ist es allen Zwischendecks-Passagieren, die etwa vor dem festgesetzten Expeditionstage nach Bremerhaven kommen und hier verweilen wollen, zu rathen, ihren Aufenthalt im „Auswandererhause" zu wählen, wo sie gut, sehr billig und sicher aufgehoben und durch feste Taxpreise vor allen Prellereien geschützt sind.

13) Die während der Seereise unentbehrlichen Sachen sind in eine kleine Kiste besonders zu packen, da die größeren häufig in den Unterraum verpackt werden müssen. Es ist rathsam, die Effecten in nicht zu großen, verschließbaren Kisten, von starkem Holze, keinenfalls aber in Fässern, zu verpacken, auch müssen dieselben, ebenso wie die Matratzen, mit dem Namen des Eigenthümers bezeichnet sein.

14) Wünscht ein Passagier die Effecten oder Baarschaften, die er bei sich führt, gegen Seegefahr versichern zu lassen, was sehr zweckmäßig ist, so ertheilt ihm das Nachweisungs-Bureau auf Verlangen auch dazu die erforderliche Auskunft, die er übrigens auch bei seinem Expedienten wird erlangen können.

15) Jeder Passagier hat sowohl im Kahne als im Seeschiffe auf sein Gepäck selbst zu achten. Jeder finde sich pünktlich zur bestimmten Zeit auf dem Schiffe ein und verlasse dasselbe nur mit Erlaubniß des Capitains, damit es nicht etwa ohne ihn absegele und er seines ganzen Passagegeldes verlustig gehe.

16) Wein und Bier werden nur auf dem Seeschiffe verabreicht, wenn dies besonders ausbedungen und bezahlt worden ist. Wer sonst solche Getränke unterwegs genießen will, möge sich daher damit in Bremen oder Bremerhaven versorgen. Andere Lebensmittel braucht er dagegen nicht mitzunehmen, auch keinen Kaffee oder Thee.

17) Vor Allem befleißige sich der Passagier auf dem Seeschiffe der größten Reinlichkeit, sowohl hinsichtlich seines Körpers, als in Betreff seiner Schlafstelle, Kleider, Betten, Strohsäcke u. s. w. Letztere Sachen müssen bei gutem Wetter auf dem Verdecke oft gelüftet, hin und wieder mit (ihnen zu lieferndem) Essig besprengt und überhaupt in guter Ordnung gehalten werden.

18) Den Passagieren ist es erlaubt, bei gutem Wetter sich auf dem Verdecke aufzuhalten, jedoch nur in solchen Abtheilungen, daß die Arbeiten des Schiffsvolks dadurch nicht behindert werden. Das Vorderdeck des Schiffs bis zu dem großen Mast oder dem sonst vom Capitain weiterhin bezeichneten Platz ist zum Aufent-

halt für die Zwischendecks-Paſſagiere beſtimmt, der dahinter befindliche leere Raum lediglich für den Capitain, die Schiffsoffiziere und Cajüts-Paſſagiere.

19) Jeder Paſſagier wird es als ſeine Pflicht erachten, ſeines Theils zur Erhaltung der Ordnung beizutragen und Streitigkeiten und Wortwechſel zu vermeiden; vor allen Dingen iſt dieſes aber auch an Bord eines Schiffs, wo der beſchränkte Raum die Entzweiten immer wieder zuſammenführt, erforderlich, und muß den Anordnungen des Capitains und der Steuerleute, als der oberſten Behörde während der Reiſe, durchaus Folge geleiſtet werden, wogegen die Paſſagiere bei ordentlichem Betragen eine anſtändige Behandlung von Seiten des Capitains und der Schiffsmannſchaft gewärtigen dürfen. Die mit einer Seereiſe verbundenen, ſelbſt durch die ſorgſamſten Vorkehrungen nicht zu vermeidenden Unannehmlichkeiten und Beſchwerden wird der vernünftige Reiſende mit Geduld ertragen.

20) Bei Ankunft in Amerika laſſe ſich der Paſſagier nicht mit unbekannten Perſonen ein, die ſich ihm zur Beſorgung billiger Reiſegelegenheiten oder ſonſtiger Dienſtleiſtungen erbieten, indem er faſt in allen Fällen geprellt wird, wovon leider recht traurige Beweiſe vorliegen. Der Paſſagier hat geſetzlich das Recht, zweimal 24 Stunden nach Ankunft in Nordamerika mit ſeinem Gepäck auf dem Schiffe zu bleiben. Er thut wohl, Gebrauch davon zu machen und von Niemand Rath anzunehmen, als von den Agenten der Deutſchen Geſellſchaft. Der Paſſagier, welcher ſich in's Innere Amerika's zu begeben beabſichtigt, findet ſowohl in Newyork, Philadelphia, Baltimore, als in Neworleans und Quebec täglich Gelegenheit, per Dampfſchiff, Canalboot oder

Eisenbahn sich in's Innere des Landes zu begeben, und kann demnach den kostspieligen Aufenthalt in den Seestädten ganz vermeiden. Die gedruckten Rathschläge der Deutschen Gesellschaft werden den dahin reisenden Personen bereits in Bremen vom Nachweisungs-Bureau eingehändigt.

Taufscheine und andere Legitimationspapiere verwahre man sorgfältig; sie sind später oft von grossem Nutzen.

Schlußbemerkungen.

Sollten den Auswanderern während ihres Aufenthalts in Bremen, in Bremerhaven oder auf dem Schiffe irgend Unzuträglichkeiten oder Mängel aufstoßen, deren Beseitigung sie in ihrem und ihrer Nachfolger Interesse wünschenswerth erachten; so bittet die Unterzeichnete dringend um eine Benachrichtigung, damit sie immer mehr in Stand gesetzt werde, das ihr anvertraute Institut für Viele segensreich werden und dasselbe so seinen Zweck erreichen zu lassen.

Die Direction

des Nachweisungs-Bureau's für Auswanderer

in Bremen.

Namen und Wohnungen

in Bremen Obrigkeitlich concessionirter Passagier-expedienten und der angestellten Schiffsmakler.

Beyer, Carl Christ., Langenstraße Nr. 21.
Dauelsberg, Herm., F. W. Bödeker Nachfolger, Schiffsmakler, Langenstraße Nr. 52.
Fischer & Behmer, Obernstraße Nr. 22.
Ichon, Ed., Langenstraße Nr. 54.
Klingenberg, Carl Joh., Schiffsmakler, Langenstraße Nr. 43.
Lüdering & Co., Hutfilterstraße Nr. 43.
Pokrantz, Carl & Co., Langenstraße Nr. 116.
Rovers, J. H., Langenstraße Nr. 17.
Schröder, J. H. P. & Co., Langenstraße Nr. 32.
Steinmeyer, Gottfr., Ed. Ichon Nachfolger, Schiffsmakler, Langenstraße Nr. 54.
Stisser, Wm. & Co., Langenstraße Nr. 16.
Suling, Wm., Schiffsmakler, Langenstraße Nr. 50.
Wichelhausen, F. J. & Co., Ansgariithorstraße Nr. 14.

Durchschnittspreise

zu welchen einige Hauptbedürfnisse der Auswanderer in Bremen zu kaufen sind.

Blechgeschirr	Pr. Crt. Ggr.	Matratzen mit Stroh	Pr. Crt. $; Ggr.
für 1 Person.			
1 Eßmenage.. circa	4	einschläfige ..... ca.	— 12-15
1 Trinkbecher "	1	zweischläfige .... "	1 — bis 1 6
1 Trinkflasche . "	3		
1 Butterdose.. "	2	mit Seegras	
1 Caffeekanne . "	2 bis 3	einschläfige ..... "	1 2
1 Waschschale . "	2 " 3		1 16
Löffel u. Gabel "	1½ " 3	zweischläfige .... "	3 — "
1 Nachtgeschirr "	4		3 8
		1 Kiste (Proviant) "	— 16
Für 4 bis 6 Personen		Wollene Decken.	
1 Eßmenage.. circa	8 bis 10	Decken, ganz wollene, in verschiedenen Längen und Breiten . ca.	— 21 "
1 Trinkflasche "	5 " 6		1 8
1 Butterdose.. "	4 " 5		
1 Caffeekanne . "	5 " 6		
1 Waschschale . "	4	feinere .... "	1 12 "
1 Nachtgeschirr "	6		1 18 "

Taxen für Logis und Beköstigung,

welche von keinem mit dem Nachweisungs-Bureau für Auswanderer in Verbindung stehenden Gastwirthe überschritten werden dürfen.

A. I. Classe.

Preis für Erwachsene: 14 Ggr. (17½ Silbergroschen) Pr. Crt.; für Kinder unter 10 Jahren die Hälfte; Säuglinge zahlen Nichts.

Gegeben wird:

ein gutes Bett, Morgens Kaffee mit Zucker und Milch nebst Weißbrod; Mittags Fleischsuppe, Fleisch und Zugemüse; Abends entweder Thee oder Kaffee mit Zucker und Milch nebst Butter und Brod, oder statt dessen warmes Essen.

B. II. Classe.

Preis für Erwachsene: 10 Ggr. (12½ Silbergroschen) Pr. Crt.; für Kinder unter 10 Jahren die Hälfte; Säuglinge zahlen Nichts.

Gegeben wird:

Nachtlager (ohne Bett), Morgens Kaffee mit Zucker und Milch; Mittags dasselbe Essen wie in der I. Classe; Abends Thee oder Kaffee mit Zucker und Milch.

In beiden Classen gelten die angeführten Preise, in welche die in der kälteren Jahreszeit nöthige Heizung und Erleuchtung der Gastzimmer, ohne weitere Vergütung, eingeschlossen ist, für einen Aufenthalt im Gasthause von vierundzwanzig Stunden. Fällt, auf Verlangen eines Gastes, eine oder die andere angeführte Leistung aus, so ist der Gastwirth verpflichtet, eine verhältnißmäßige Erniedrigung der Taxpreise eintreten zu lassen.

Dagegen werden besondere Leistungen nach einer im Gasthause aufgehängten Taxe besonders vergütet.

Taxe
für die Beförderung des Gepäcks der Auswanderer

vom Bahnhofe oder vom Landungsplatze der Oberweser-Dampfschiffe bis nach dem Gasthause und von diesem bis zu dem Abgangsorte des zur Weiterreise bestimmten Kahns oder Unterweser-Dampfschiffes:

Bis zu 100 在. werden nie mehr als 2 Ggr. (2½ Silbergroschen) Pr. Crt.;

Von 100 在. bis 400 在. werden nie mehr als 4 Ggr. (5 Silbergroschen) Pr. Crt.;

Für jede 100 在. über 400 在. werden nie mehr als 1 Ggr. (1 Silbergroschen 3 Pfennige) Pr. Crt. bezahlt.

Kleinigkeiten werden umsonst beigeladen, und tritt eine Ermäßigung der vorstehenden Taxe auf die Hälfte ein, wenn die Beförderung des Gepäcks nur nach oder nur von dem Gasthause erfolgt.

Alle mit dem Nachweisungs-Büreau in Verbindung stehende Gastwirthe sind verpflichtet, auf Verlangen der Auswanderer die Expedition des Gepäcks und sonstiger Effecten derselben gegen die gedachten Taxpreise zu übernehmen, indeß hat jeder Eigenthümer selbst auf seine Sachen zu achten und bei deren Auf- und Abladen mitzuhelfen.

Obrigkeitliche Verordnung.

Bei der beträchtlichen Zunahme des Verkehrs, welche in Bezug auf die Beförderung von Schiffspassagieren nach überseeischen Ländern im Laufe der Jahre in Bremen sich kund gegeben, und bei dem mannigfachen Wechsel, welcher in der Art dieses Geschäftsbetriebes Statt gefunden hat, mußten auch die dafür bestehenden obrigkeitlichen Anordnungen von

Zeit zu Zeit einer erneuerten Berathung unterworfen werden, damit Alles, was in dieser Beziehung das öffentliche Interesse erheischte, oder zum Wohl Derer, welche Bremen zu ihrem Einschiffungsplatze gewählt hatten, nöthig schien, so vie nur möglich, stets Berücksichtigung finde.

Es sind deshalb auch jetzt die Vorschriften, welche mittelst der Verordnung vom 9. April 1849 und seitdem in Betreff dieses Gegenstandes erlassen worden, einer abermaligen Prüfung unterzogen und, in Uebereinstimmung mit der Handelskammer und nach Vernehmung des Kaufmannsconvents, die erforderlichen Abänderungen festgesetzt.

Demgemäß verordnet der Senat nunmehr das Folgende:

§. 1. Die Bestimmungen dieser Verordnung erstrecken sich auf alle Schiffsexpeditionen, durch welche Passagiere nach einem außereuropäischen Hafen befördert werden.

§. 2. Auf die Beförderung von Passagieren mittelst Dampfschiffe, die Amerikanischen Postdampfschiffe einstweilen ausgenommen, hat diese Verordnung zwar ebenfalls Anwendung, indeß ist es dem Senat überlassen, dafür, nach vorgängigem, gutachtlichem Berichte der Behörde für das Auswandererwesen, im Einverständnisse mit der Handelskammer einzelne abweichende Anordnungen zu erlassen.

§. 3. Für alle Angelegenheiten, auf welche diese Verordnung sich bezieht, besteht in Gemäßheit des die Handelskammer betreffenden Gesetzes vom 24. Februar 1854 „die Behörde für das Auswandererwesen," welche aus einigen Mitgliedern des Senats, die zugleich die obrigkeitliche Inspection für diesen Geschäftszweig wahrnehmen, und aus einigen Mitgliedern der Handelskammer gebildet ist.

Die Aemter Vegesack und Bremerhaven haben auf die Befolgung dieser Verordnung in ihren Amtsbezirken zu achten, die Abstellung etwaiger Mängel und Beschwerden thunlichst zu bewirken und erforderlichen Falls der Inspection deshalb zu berichten.

§. 4. Zur Annahme oder Beförderung von Schiffspassagieren ist nur derjenige befugt, welcher das Bremische Bürgerrecht mit Handlungsfreiheit besitzt, unbescholten und im Bremischen Staate wohnhaft ist und eine von der Behörde für das Auswandererwesen genehmigte Caution geleistet hat.

§. 5. Die Caution ist für die Summe von Fünftausend Thalern durch Pfänder, baar oder durch Bürgen zu leisten und erstreckt sich auf alle Verbindlichkeiten, welche dem Expedienten, er sei Schiffsexpedient (Rheder, Correspondent, Befrachter) oder er sei Passagierexpedient (der mit Passagieren Ueberfahrtsverträge geschlossen hat) entweder den Passagieren oder dem Staate gegenüber obliegen, namentlich auch auf die Bezahlung etwaiger Assecuranzprämien und Strafen.

Für mehrere Handlungsgenossen, welche das Geschäft unter einer gemeinsamen Firma betreiben, genügt der einfache Betrag der Caution.

§. 6. Wird die Caution aus irgend einem Grunde angegriffen oder deren Sicherheit von der Behörde für nicht mehr ausreichend erachtet, so ist der Expedient zur sofortigen Ergänzung oder Erneuerung derselben bei Verlust der ihm eingeräumten Befugniß verpflichtet.

§. 7. Die Caution verliert ihre Wirksamkeit rücksichtlich aller Ansprüche, die nicht vor Ablauf von zwei Jahren nach ihrer Entstehung gerichtlich geltend gemacht und der Behörde für das Auswandererwesen angemeldet sind.

§. 8. Den Schiffsmäklern ist, sofern sie den vorstehenden Erfordernissen genügen, unbeschadet ihrer sonstigen Pflichten, bis auf Weiteres gestattet, Passagiere zum Zwecke ihrer Verschiffung für ihre Rechnung anzunehmen oder annehmen zu lassen und die wegen ihrer Beförderung nöthigen Verträge einzugehen.

Im Uebrigen bleiben die bisherigen Vorschriften übe den Geschäftsbetrieb der Schiffsmäkler in Kraft.

§. 9. Die Vermittelung der Passagierannahme steht ausschließlich den Schiffsmäklern zu.

Ihre Courtage wird von dem Passagierexpedienten, welcher sich ihrer Vermittelung bedient, bezahlt. Dieselbe beträgt 9 Grote für jeden Passagier.

Für Kinder unter Einem Jahre darf keinerlei Gebühr berechnet werden.

Allen, welche nach §. 4 dieser Verordnung zur Annahme oder Beförderung von Schiffspassagieren befugt sind, bleibt es jedoch unbenommen, auch ohne Dazwischenkunft eines Schiffsmäklers Ueberfahrtsverträge für ihre eigene Rechnung und auf ihren Namen abzuschließen.

§. 10. Für Bremerhaven können hinsichtlich der dort etwa anzunehmenden Passagiere von der Inspection Agenten zugelassen werden, welche aber vorab dem dortigen Amte die ihnen von dem Expedienten oder Schiffsmäkler dazu ertheilte Vollmacht einzuliefern, wie auch eine Caution von Fünfhundert Thalern zu bestellen haben.

In Betreff der Annahme von Passagieren durch einen Agenten ist nicht nur dieser den Vorschriften der gegenwärtigen Verordnung unterworfen, sondern auch der Expedient persönlich verhaftet.

Kein Agent darf gleichzeitig die Vollmacht mehrerer Expedienten übernehmen.

§. 11. Die Ankündigung eines bestimmten Schiffes in öffentlichen Blättern darf nur vom Rheder oder vom Correspondenten selbst oder mit deren Genehmigung von solchen Personen geschehen, welche den Erfordernissen der §§. 4, 10 genügt haben.

§. 12. Jeder Passagierexpedient, welcher im Bremischen Staate oder auswärts Passagiere annimmt oder annehmen läßt, muß denselben sofort einen zwiefach gleichlautend ausgefertigten Vertrag über diese Annahme zustellen oder zustellen lassen, in welchem anzugeben ist:
 a. Vor- und Zuname des oder der Angenommenen;
 b. bisheriger Wohnort derselben;
 c. Betrag des Passageldes mit Einschluß des im Bestimmungshafen etwa zu entrichtenden Armengeldes und Angabe, wie viel davon bezahlt worden;
 d. Bezeichnung, wie viel Cubicfuß Raum jedem Passagier für seine Reiseeffecten unentgeltlich bewilligt ist;
 e. genaue Angabe, sowohl des Tages, an welchem die Passagiere in der Stadt Bremen eintreffen müssen, als auch desjenigen Tages, an welchem sie weiter befördert werden sollen.

§. 13. Spätere Abänderungen und Zusätze, so wie Quittungen über geleistete Zahlung sind ebenfalls in jeder Ausfertigung des Vertrages hinzuzufügen.

Eine Ausfertigung desselben muß stets im Besitz des Passagiers bleiben, während die andere dem Passagierexpedienten gegen einen dem Passagier zu seiner Legitimation auf dem Schiffe dienenden, beim Antritt der Seereise dem Capitain einzuhändigenden Ueberfahrtsschein abzuliefern ist.

§. 14. Es wird Allen ohne Unterschied auf's Strengste verboten, die angekommenen Reisenden, sei es am Bahnhofe am Landungsplatze der Dampfschiffe oder an sonstigen Orten, irgendwie mit Anfragen, Anpreisungen ꝛc. zu behelligen, oder gar zu versuchen, sie für ein Wirthshaus, eine Schiffsgelegenheit, ein Fuhrwerk oder einen sonstigen Geschäftsbetrieb zu gewinnen, unbeschadet der obrigkeitlich genehmigten Wirksamkeit des Nachweisungsbüreaus für Auswanderer, sowie der von diesem Angestellten oder sonst verwendeten Personen.

§. 15. Wer diesem Verbote (§. 14) entgegenhandelt, verfällt in eine Geldstrafe bis zu Zehn Thalern oder verhältnißmäßige Gefängnißstrafe. In Wiederholungsfällen wird diese Strafe nicht nur verschärft werden, sondern auch außerdem für die Schuldigen die Folge haben, daß die ihnen etwa zur Wirthschaft oder zu einem andern Gewerbe ertheilte Concession, die Zulassung zur Theilnahme an der Droschkenfahrt oder die Anstellung als Kofferträger zurückgenommen, und den in einem Dienstverhältnisse stehenden Fremden die Fortsetzung dieses Verhältnisses und der Aufenthalt im Bremischen Staate nicht ferner gestattet werden wird.

§. 16. Für das Zuweisen und Zuführen der Reisenden zu Handel- und Gewerbtreibenden, um deren Geschäfte Abnehmer oder Kunden zu verschaffen, insbesondere auch zu Expedienten, Schiffmäklern oder Gastwirthen, darf Niemandem eine Vergütung in Geld oder Geldeswerth, wenn auch nur mittelbarer Weise, geleistet oder versprochen werden, und zieht jede Uebertretung dieses Verbots, sowohl für den, welcher sich eine solche Vergütung hat leisten oder versprechen lassen, als auch, sofern der Reisende nicht etwa selbst dazu verleitet sein sollte, für jeden Andern, welcher sie geleistet oder versprochen hat, eine nach den Umständen zu ermessende Strafe nach sich.

§. 17. Sämmtliche Handel- und Gewerbtreibende sind wegen der in den vorstehenden §§. 14, 15, 16 erwähnten Vergehen ihrer Gehülfen und Dienstboten persönlich verhaftet.

§. 18. Für die im Bremischen Staatsgebiete sich aufhaltenden Passagiere, namentlich die Auswanderer, sowie für diejenigen, welche solche Personen beherbergen, kommen die bestehenden polizeilichen Vorschriften zur Anwendung.

§. 19. Deserteure und Militairpflichtige deutscher Bundesstaaten, desgleichen Personen, welche sich wegen begangener Verbrechen oder Vergehen der Strafe zu entziehen suchen, ober mit ansteckenden Krankheiten behaftet sind, dürfen nicht befördert werden.

Das nämliche Verbot trifft die Beförderung solcher Personen, denen nach den Gesetzen des Bestimmungsorts die Einwanderung untersagt ist.

Im Betretungsfalle werden alle solche Personen im polizeilichen Wege in ihre Heimath zurückgeschickt.

Wer wissentlich diesem Verbote entgegen handelt, verfällt nicht nur in eine angemessene Strafe, sondern ist auch für alle dem Staate deshalb etwa entstehende Kosten verantwortlich.

§. 20. Die Schiffsmäkler sind bei Vermeidung gleicher Nachtheile angewiesen, sich jeder Abschließung von Ueberfahrtsverträgen für solche Personen (§. 19.) zu enthalten. Auch haben sie, sobald sie in Erfahrung bringen, daß die durch sie angenommenen Passagiere Individuen der erwähnten Art seien, dieses der Polizeibehörde anzuzeigen und deren weitere Anordnungen zu befolgen.

§. 21. Der Schiffsexpedient hat der Inspection ein vollständiges Verzeichniß sämmtlicher Passagiere mit Angabe des Geburtslandes und Bestimmungsorts, sowie, ob sie in der Cajüte oder in welchem sonstigen Raume des Schiffs befördert werden sollen, einzureichen und dasselbe mit einer Erklärung auf seinen geleisteten Bürgereid:

daß sich nach seinem besten Wissen unter den in diesem Verzeichnisse stehenden Personen keine befinden, deren Beförderung verboten ist, und daß er auch keine solche Personen wissentlich befördern wolle,

zu versehen.

§. 22. Ein Verzeichniß der bis zur Expedition angenommenen Passagiere ist vom Schiffsexpedienten dem Capitain einzuhändigen, welcher die etwa noch nachträglich von ihm selbst angenommenen Passagiere in demselben zu verzeichnen und davon, bevor das Schiff in See geht, unter gleichmäßiger eidlicher Erklärung die Aufgabe der Inspection oder einem der Aemter Vegesack oder Bremerhaven zu machen hat.

Die Aemter haben wegen dieser Passagiere der Inspection die erforderliche Anzeige zu machen.

§. 23. Der Capitain darf nur solche Personen, welche in dem Verzeichnisse namhaft gemacht oder unter Nachholung der erwähnten Erklärung nachträglich hinzugefügt sind, mit dem Schiffe befördern.

§. 24. Die Einreichung des mit der im §§. 21, 22 vorgeschriebenen Erklärung versehenen Verzeichnisses muß vor Ablauf von acht Tagen nach dem Abgang des Schiffes erfolgen.

§. 25. Der Passagierexpedient ist verbunden, von der Zeit seiner Verpflichtung zur Beförderung der Passagiere mit dem Seeschiffe an für deren Unterkommen und Unterhalt in angemessener Weise zu sorgen und ist dafür nicht allein den Passagieren, sondern auch dem Staate verantwortlich.

§. 26. Der für die Passagiere bestimmte Raum im Seeschiffe muß für jeden derselben mindestens zwölf Quadratfuß der Oberfläche des Passagierdecks betragen.

Derselbe muß für die Passagiere während der ganzen Reise des Schiffs frei gehalten werden. Es ist durchaus verboten, ihn in irgend einer Weise durch Frachtgüter oder Proviantgegenstände zu beschränken.

Die genaue Aufgabe und Nachweisung, daß der nach der vorstehenden Bestimmung erforderliche Raum vorhanden sei, muß, bevor die Passagiere an Bord gehen, der Inspection eingereicht werden.

Uebrigens wird den Schiffsexpienten zur Vermeidung etwaiger Nachtheile empfohlen, falls die Gesetze des Bestimmungsorts einen größeren Raum vorschreiben, diese zu befolgen.

§. 27. Der Schiffsexpedient hat dafür zu sorgen, daß das Schiff in einem für die beabsichtigte Reise und die Beförderung der Passagiere völlig tüchtigen Zustande sich befinde, vorschriftsmäßig ausgerüstet und mit gesundem, haltbarem und hinreichendem Proviant versehen werde.

§. 28. Für die Einrichtung der Seeschiffe gelten folgende Vorschriften:
   a. das Zwischendeck muß von Deck zu Deck mindestens 6 Fuß hoch, und das Deckholz mindestens 1½ Zoll dick sein;
   b. auf jedem Schiffe muß für hinreichende Ventilation unter Berücksichtigung des Klima's, nach welchem das Schiff abgehen soll, gesorgt und dieselbe während der Reise gehörig unterhalten werden.

   Abkleidungen im Zwischendeck, welche den freien Umlauf der Luft hindern, sind untersagt;
   c. auf jedem Schiffe müssen mindestens zwei Privets, wenn es aber mehr als hundert, jedoch nicht über 150 Passagiere führt, drei, wenn mehr als 150, jedoch nicht mehr als 200 Passagiere, vier, wenn mehr als 200, jedoch nicht mehr als 300 Passagiere, fünf, und für eine größere Anzahl Passagiere nach letzterem Verhältnisse mehr Privets befindlich sein;
   d. die Kojen und sonstigen Schlafstellen der Passagiere müssen bequem und angemessen eingerichtet, die hölzernen von trocknem Holze ohne scharfe Kanten hergestellt und dürfen nicht mehr als zwei Reihen über einander angebracht sein. Sie sollen mindestens eine Länge von sechs Fuß im Lichten, eine Breite von achtzehn Zoll für jede Person haben, die untersten auch wenigstens sechs Zoll vom Deck entfernt sein;
   e. das Schiff muß mit dem nöthigen Kochgeschirr, namentlich zur Speisung der Passagiere mittelst Einer

Kochung mit mindestens zwei Kochtöpfen von angemessener Größe, ferner mit dem zum Austheilen der Speisen erforderlichen Geschirre, einer richtigen Waage und Bremischm Gewicht versehen sein;

f. alle für die Passagiere bestimmten Räume sind von Sonnenuntergang bis Sonnenaufgang hinreichend zu erleuchten, und zwar das Zwischendeck durch wenigstens zwei Laternen;

g. jedes Schiff muß mindestens mit zwei Rettungsbojen (life-buoys) und wenn es über 150 Passagiere führt, außerdem mindestens mit einem Rettungsboot (life-boat) versehen sein.

§. 29. Ist das Schiff mit mehreren Decken versehen, so darf das unterste Deck zur Aufnahme von Passagieren nicht benutzt werden, es sei denn, daß wegen der besonderen Einrichtung desselben die Behörde nach genauer Untersuchung Ausnahmsweise es für unbedenklich erachtet und eine schriftliche Erlaubniß dazu ertheilt.

§. 30. Auf jedem Schiffe muß wenigstens Ein hinreichend erfahrener Koch für die Passagiere sich befinden.

§. 31. Die Ausrüstung und Verproviantirung eines jeden Seeschiffes muß für die wahrscheinlich längste Dauer der Reise erfolgen.

Als solche werden angenommen:

a. für Reisen nach einer Gegend nördlich vom Aequator . . . . 13 Wochen

b. für Reisen nach der Ostküste von Amerika, südlich vom Aequator bis zum La Platastrome, diesen eingeschlossen . . . . . . 16 =

c. für alle andere Reisen südlich vom Aequator, jedoch nicht über Cap Horn oder Cap der guten Hoffnung hinaus . . . 18 =

   d. für Reisen über Cap Horn oder Cap der
      guten Hoffnung hinaus, wenn der Aequator
      nicht zum zweiten Mal passirt wird . . 24 Wochen
   e. für Reisen, auf denen der Aequator zwei
      Mal passirt wird . . . . 28 „

§. 32. Die Verproviantirung der Passagiere darf nicht diesen überlassen und muß, was die Hauptartikel betrifft, für jeden Passagier, ohne Unterschied des Geschlechts und Alters, mit alleiniger Ausnahme der Kinder unter Einem Jahre, sowie für jeden der Schiffsmannschaft Angehörenden, wenigstens mitgenommen werden:

Für die Reise von . .	13 Woch.	16 Woch.	18 Woch.	24 Woch.	28 Woch.
a. an Rindfleisch: 2 ℔ für die Woche . . .	26 ℔	32 ℔	36 ℔	48 ℔	56 ℔
b. an Speck, wenn es gesalzen ist, 1 ℔ für die Woche . . .	13 „	16 „	18 „	24 „	28 „
oder, wenn es geräuchert ist, $^3/_4$ ℔ für die Woche . . .	$9^3/_4$ „	12 „	$13^1/_2$ „	18 „	21 „
(Sollte in einzelnen Fällen ein anderes Verhältniß zwischen Fleisch und Speck vorgezogen und von der Inspection genehmigt werden, so ist dabei nach dem Maßstabe zu verfahren, daß 1 ℔ Fleisch gleich $^1/_2$ ℔ gesalzenen oder $^1/_3$ ℔ geräucherten Speck geachtet wird, ohne daß übrigens bei diesen verschiedenen Gewichtsbestimmungen die Pökel in Anschlag gebracht werden darf.)					
c. an Heeringen: für je 100 Passagiere eine Tonne, die Tonne zu ca. 800 Stück gerechnet	1 Tonne	$1^1/_4$ Ton.	$1^1/_2$ Ton.	2 Ton.	2 Ton.
d. an Brot: $4^1/_2$ ℔ und zwar $2^1/_2$ ℔ schwarzes . . .	$32^1/_2$ ℔	40 ℔	45 ℔	60 ℔	70 ℔
und 2 ℔ weißes Brot . . .	26 „	32 „	36 „	48 „	56 „
für die Woche, falls nicht ein anderes Verhältniß verabredet ist. Von dem Schwarzbrote darf höchstens für eine Woche weichgebackenes mitgenommen werden.					
e. an Butter $^5/_{12}$ ℔ für die Woche . . .	$5^5/_{12}$ „	$6^2/_3$ „	$7^1/_2$ „	10 „	$11^2/_3$ „
f. an Wasser: in gut ausgebrannten süßen Fässern, im Ganzen . . .	$1^1/_6$ Orh.	$1^1/_2$ Orh.	$1^2/_3$ Orh.	$2^1/_6$ Orh.	$2^1/_3$ Orh.
(Ist das Schiff aber nach einer Gegend bestimmt, wobei es den nördlichen Wendekreis passirt, wohin auch Neworleans und Texas gerechnet werden, im Ganzen) . .	$1^1/_3$ „	$1^1/_2$ „	$1^2/_3$ „	$2^1/_6$ „	$2^1/_3$ „
g. an Mehl und Reis, Sauerkraut, getrocknetem Obst, Hülsenfrüchten und Scheldegerste, zusammen im Ganzen . . .	35 ℔	43 ℔	48 ℔	65 ℔	75 ℔

und zwar davon für die Reise von

	13 Wochen mindestens	13 Wochen höchstens	16 Wochen mindestens	16 Wochen höchstens	18 Wochen mindestens	18 Wochen höchstens	24 Wochen mindestens	24 Wochen höchstens	28 Wochen mindestens	28 Wochen höchstens
an Mehl und Reis	6 ℔	10 ℔	7 ℔	12 ℔	8 ℔	14 ℔	11 ℔	18 ℔	13 ℔	21 ℔
an Sauerkraut	5 „	8 „	6 „	10 „	7 „	13 „	9 „	15 „	11 „	17 „
an getrocknet. Obst	2 „	3 „	$2^1/_2$ „	$3^3/_4$ „	3 „	4 „	$3^3/_4$ „	$5^1/_2$ „	4 „	$6^1/_2$ „
u. der Rest des Quantums an Hülsenfrüchten und Scheldegerste.										

	13 Woch.	16 Woch.	18 Woch.	24 Woch.	28 Woch.
h. an Kartoffeln: im Ganzen . . .	$1^1/_2$ Vtl.	$1^7/_8$ Vtl.	2 Vtl.	$2^3/_4$ Vtl.	$3^1/_4$ Vtl.
(Ausnahmsweise darf eine geringere Quantität Kartoffeln mitgegeben werden, indeß sind dann für jedes fehlende Viertel 7 ℔ mehr von den unter g gedachten Vorräthen und zwar nach dem dort angegebenen Verhältnisse erforderlich.)					
i. an Syrub: im Ganzen . . .	$1^1/_2$ ℔	$1^7/_8$ ℔	2 ℔	$2^5/_8$ ℔	$3^1/_4$ ℔
k. an Caffee: „ „ . . .	$1^1/_2$ „	$1^7/_8$ „	2 „	$2^3/_4$ „	$3^1/_4$ „
l. an Cichorien: „ „ . . .	$^1/_2$ „	$^5/_8$ „	$^2/_3$ „	$^{11}/_{12}$ „	$1^1/_{12}$ „
m. an Thee: „ „ . . .	$^1/_4$ „	$^1/_4$ „	$^1/_3$ „	$^3/_8$ „	$^7/_{16}$ „
n. an Essig: „ „ ($^1/_2$ Gallon gleich $^1/_4$ Bremer Viertel). . .	$^1/_3$ Gall.	$^2/_5$ Gall.	$^1/_2$ Gall.	$^3/_5$ Gall.	$^4/_5$ Gall.

o. Außerdem ist für Kranke und Kinder, je nach dem Verhältnisse der Anzahl der Passagiere und der Zeit der wahrscheinlich längsten Dauer der Reise, ein hinreichendes Quantum an Sago oder Arrowroot, Wein, Zucker, Pflaumen, Hafergrütze, sowie eine gehörig versehene Medicinkiste mit der nöthigen Gebrauchsanweisung in deutscher und in englischer Sprache mitzunehmen.

p. Nicht minder ist jedes Passagierschiff mit genügendem Feuerungs- und Erleuchtungs-Materiale, sowie mit mindestens 5 Pfund Wachholderbeeren oder sonstigen zum Räuchern geeigneten Stoffen in entsprechender Menge, sowie mit den zum Reinigen der für die Passagiere bestimmten Räume erforderlichen Besen und sonstigen Geräthen zu versehen.

Alle Speisen sind den Passagieren gehörig zubereitet und in der aus dem Verhältnisse zu dem vorschriftsmäßig mitzunehmenden Proviant sich ergebenden Menge zu verabreichen.

§. 33. Verzögert sich nach Aufnahme der Passagiere der Abgang des Schiffs länger als sechs Tage, so muß der Proviant und die sonstige Ausrüstung wieder ergänzt werden.

§. 34. Bei Reisen, deren längste Dauer im §. 31 zu 24 und 28 Wochen angenommen worden, genügt die Mitnahme eines Quantums Wasser für 16 Wochen, wenn der Schiffsexpedient der Inspection auf seinen geleisteten Bürgereid schriftlich erklärt, daß das Schiff einen nördlich vom 25.° südlicher Breite liegenden Zwischenhafen anlaufen und in demselben Wasser einnehmen solle.

§. 35. Für die aus dem Hafen zu Bremerhaven abgehenden Schiffe gelten folgende besondere Bestimmungen:

a. Es ist verboten, während des Zeitraums vom 10. Octbr. bis zum 10. März, beide Tage eingeschlossen, die Passagiere eher, als am Tage vor dem Antritte der Seereise, an Bord eines Schiffes zu beherbergen und zu beköstigen, sowie überhaupt von den für die Passagiere angeschafften Reisevorräthen Etwas zu verbrauchen oder zu benutzen.

Dagegen darf während der gedachten Zeit das Schiff an Fleisch, Speck, Brod, Butter und Kartoffeln um eilf Tage weniger verproviantirt werden, als sonst, zufolge der Vorschrift des §. 31, erforderlich ist.

b. Wenn während des Zeitraums vom 10. März bis zum 10. October die Passagiere nicht eher als am Tage vor dem Antritte der Seereise an Bord eines Schiffes beherbergt oder beköstigt, auch die für sie angeschafften Vorräthe in keiner Weise verbraucht oder benutzt werden, so sind die Expedienten ebenfalls befugt, den Betrag der unter a. angeführten Proviantgegenstände um eilf Tage zu ermäßigen, jedoch gehalten, wenn sie von solcher Befugniß Gebrauch machen wollen, dieses den Besichtigern (§. 37), und zwar jedesmal vor der Besichtigung des Proviants anzuzeigen, auch in ihrer eidlichen Declaration (§. 48) zu bescheinigen, daß in den gedachten Beziehungen von ihnen vorschriftsmäßig verfahren sei.

Nur von dem Erfordernisse, die Passagiere nicht eher, als am Tage vor dem Antritte der Seereise an Bord zu beherbergen, kann in besonderen Fällen von der Behörde eine Dispensation ertheilt werden.

§. 36. Ob und unter welchen Bedingungen diese für Bremerhaven erlassenen Vorschriften (§. 35) auch auf andere, insbesondere auf die oberhalb Bremerhaven's belegenen Weserhäfen zu erstrecken seien, bleibt den vom Senat im Einverständnisse mit der Handelskammer etwa zu treffenden Anordnungen vorbehalten.

§. 37. Vor dem Abgange des Seeschiffes muß dasselbe, sowie der für die Passagiere bestimmte Raum und der sämmtliche für diese und für die Mannschaft angeschaffte Proviant nebst der übrigen Ausrüstung durch einen der damit obrigkeitlich beauftragten Besichtiger untersucht werden.

Die Untersuchung des Proviants erfolgt in der Weise, daß der Besichtiger den einen und den andern Artikel nachsieht, aber auch berechtigt und nach Beschaffenheit der Umstände verpflichtet ist, die Vorräthe genauer zu prüfen und nachwägen zu lassen, und die Verbesserung und Ergänzung etwaiger Mängel zu verlangen.

Die Schiffsexpedienten sind verpflichtet, denselben vor der Besichtigung ein Verzeichniß der angeschafften Lebensmittel und sonstigen Ausrüstung nach einem gedruckten, die einzelnen Gegenstände specificirenden Formulare in zwiefacher Ausfertigung einzureichen und nach befundener Richtigkeit von ihm unterschreiben zu lassen; die eine dieser Ausfertigungen hat der Besichtiger dem Capitain einzuhändigen.

Von Proviantgegenständen, für welche das Gewicht zur Richtschnur dient, muß auf den Fässern, Säcken und sonstigen Behältern, in denen sich die Hauptartikel befinden, deren Nettogewicht deutlich gemärkt sein.

§. 38. Der Abgang des Schiffes ist nicht eher gestattet, als bis diese Untersuchung stattgefunden und ein genügendes Resultat ergeben hat, auch darüber, sowie über die Tüchtigkeit und Räumlichkeit des Schiffes, die vorschriftsmäßigen Bescheinigungen erlangt worden sind.

§. 39. Die Bescheinigungen über die Tüchtigkeit des Schiffes und über den für die Passagiere bestimmten und vorhandenen Raum müssen, bevor die Passagiere an Bord gehen, die übrigen Bescheinigungen aber vor Ablauf von 8 Tagen nach dem Abgange des Schiffes der Inspection eingereicht werden.

§. 40. Um die verschiedenen Bescheinigungen zu erlangen, haben sich die Betheiligten an einen der angestellten Besichtiger zu wenden und das Erforderliche zu veranlassen.

§. 41. Die Gebühren der Besichtiger betragen einschließlich der für ihre vorgängigen Bemühungen:

1) wenn das Schiff in Bremerhaven liegt,
für die Bescheinigung wegen der Tüchtigkeit
und Räumlichkeit des Schiffes . . . . . . ℳ 1 = 36 ₰
für die Bescheinigung wegen des Proviants
und der sonstigen Ausrüstung, sofern das
Schiff, abgesehen von Kindern, die unter
einem Jahre alt sind,

   a. nicht mehr als 150 Passagiere führt . . „ 1 = 36 „
   b. mehr als 150, aber nicht über 200 führt „ 2 = — „
   c. mehr als 200, aber nicht über 300 führt „ 2 = 36 „
   d. mehr als 300, aber nicht über 400 führt „ 3 = — „
   e. mehr als 400 . . . . „ 4 = — „

Sollte indeß das Nachsehen und Nachwägen des gesammten Proviants erforderlich werden, wozu der Capitain die nöthigen Mittel herbeizuschaffen hat, so wird dafür eine größere, nöthigenfalls von der Inspection festzusetzende Vergütung bezahlt.

2) Wenn das Schiff nicht in Bremerhaven liegt, außer den vorstehenden Beträgen für jede Bescheinigung 1 Thaler 36 Grote mehr.

§. 42. Der Schiffsexpedient hat der Inspection nachzuweisen, daß für den Fall eines dem Schiffe auf der Fahrt vom Ausgangsplatze bis zur erfolgten Landung am Bestimmungsorte etwa zustoßenden Ereignisses, durch welches dasselbe an der Fortsetzung der Reise verhindert oder die Reise unterbrochen werden sollte, das Passagegeld sämmtlicher, sowohl der Cajüts- als der übrigen Passagiere und außerdem für Jeden derselben eine auf zwanzig Thaler, bei allen

Reisen nach einer Gegend über Cap Horn oder Cap der guten Hoffnung hinaus auf dreißig Thaler und bei Reisen, auf denen der Aequator zweimal passirt wird, auf vierzig Thaler sich belaufende Summe zur Verwendung stehe. Diese dient dazu, um zunächst die etwaigen Kosten der Rettung der Passagiere und ihrer Effecten, die Kosten ihres einstweiligen Unterhalts, ferner die zu ihrer Weiterbeförderung nöthigen Passagegelder und deren Versicherung, sowie diejenige der Verwendungsgelder zu bestreiten, dann aber auch den Bremischen Behörden für alle wegen der Passagiere gemachten Auslagen Ersatz und Sicherheit zu leisten und endlich den Passagieren erweisliche Verlüste, soviel thunlich, nach Verhältniß zu ersetzen.

§. 43. Der Schiffsexpedient hat die gedachten Summen in der Stadt Bremen bei einer der dortigen Assecuranzgesellschaften oder bei zwei von der Behörde für genügend erachteten Privat-Assecurabeurs, die für die Versicherungssumme solidarisch haften, gegen alle und jede Gefahr versichern zu lassen und mittelst Einlieferung der Police der Inspection zur Verfügung zu stellen.

Ereignet sich demnächst ein Unglücksfall der gedachten Art, so ist die Verwendung jenes Betrages zu bewerkstelligen und daß Solches geschehen, der Inspection darzulegen, widrigenfalls letztere ermächtigt ist, selbst den Versicherungsbetrag zu erheben und zu verwenden.

§. 44. Sollte jedoch eine solche Versicherung in einzelnen Fällen besonders schwierig zu erlangen sein, so bleibt es den Betheiligten unbenommen, den Betrag der Passage- und Verwendungsgelder bis zur Einlieferung einer Police oder Nachweisung der glücklichen Ankunft des Schiffes am Bestimmungsorte bei der Inspection baar zu deponiren und dessen Belegung bei der Discontocasse zu veranlassen oder in Bremer Staatspapieren nach dem Tagescourse oder auch in andern, nach dem Ermessen der Behörde hinlängliche Sicherheit gewährenden Documenten zu hinterlegen.

§. 45. Wird eine Verwendung des versicherten Betrages nöthig, so ist die Ergänzung desselben durch Nachversicherung zu bewirken.

§. 46. Die Nachweisung der Versicherung und die Einlieferung der Police muß vor Ablauf von acht Tagen nach Abgang des Schiffes geschehen.

§. 47. Der Schiffsexpedient bleibt den Passagieren und den Bremischen Behörden für die Passage- und Verwendungsgelder, falls die Zahlung derselben nicht aus der nach §§. 42 bis 44 dafür beschafften Sicherheit erfolgen sollte, auch persönlich verhaftet.

§. 48. Der Schiffsexpedient hat, bevor die Passagiere an Bord gehen, der Inspection eine auf seinen Bürgereid auszustellende Declaration einzureichen,

> daß er gewissenhaft Sorge getragen habe, um das Schiff nach Maßgabe der gesetzlichen Vorschriften mit der vorgeschriebenen Quantität gesunder, guter Lebensmittel, Wasser und sonstiger Ausrüstung auf ... Wochen ... Tage gehörig zu versehen,

> daß ferner das von den Passagieren gezahlte Passagegeld nebst den Verwendungsgeldern für dieselben nach Maßgabe des Gesetzes versichert sei oder zeitig versichert, auch die darüber auszufertigende Police der Inspection eingehändigt werden solle,

> daß endlich seines Wissens unter den Passagieren dieses Schiffes keine Personen sich befinden oder wissentlich befördert werden sollen, deren Beförderung nach §. 19 dieser Verordnung verboten ist.

§. 49. Dem Capitain jedes Schiffes, mit welchem Passagiere befördert werden sollen, liegen folgende Pflichten ob:

a. Er darf die Reise nicht antreten, bevor die in §§. 38, 39 dieser Verordnung verlangten Bescheinigungen von den Schiffs- und Proviantbesichtigern ausgestellt sind und haftet dafür, daß nach erfolgter Besichtigung des Proviants keine gut befundene Vorräthe von Bord des Schiffes gebracht werden.
b. Er hat die Passagiere human zu behandeln und auch für ein gehöriges anständiges Betragen der Mannschaft Sorge zu tragen.
c. Er muß den mitgenommenen Proviant den Passagieren gehörig zubereitet und in den durch diese Verordnung vorgeschriebenen Rationen austheilen lassen, im Falle einer etwa nothwendig gewordenen Verringerung der letzteren aber die sofortige Aufnahme eines desfallsigen, die Ursache angebenden Vermerks in das Journal bewirken und solchen am Tage der Eintragung nebst dem Obersteuermann unterzeichnen.
d. Er hat die erforderliche Einrichtung, Reinigung, Lüftung, Räucherung und Erleuchtung der für die Passagiere bestimmten Räume zu veranlassen und zu überwachen.
e. Er ist verpflichtet, nach der Ankunft am Bestimmungsorte den Passagieren auf Verlangen noch zwei volle Tage Herberge und Beköstigung in Gemäßheit dieser Verordnung an Bord des Schiffes zu gewähren.
f. Ein Verzeichniß der an Bord des Schiffs etwa sich ereignenden Geburts- und Sterbefälle hat der Capitain nach Ankunft am Bestimmungsorte dem daselbst befindlichen Bremischen Consulate einzuliefern; auch ist er verpflichtet, für den Nachlaß Verstorbener thunlichst Sorge zu tragen.

§. 50. Die Bestimmungen dieser Verordnung gelten nicht nur für Schiffsexpeditionen, welche von Bremischen Häfen erfolgen, sondern auch, soweit sie nicht speciell auf diese Plätze sich beziehen, für alle Fälle, in denen die Annahme oder die Beförderung von Passagieren durch einen Bremischen Expedienten geschehen und die Einschiffung in einem anderen an der Weser gelegenen Hafen bewerkstelligt werden soll.

§. 51. Bei einer Schiffsexpedition über einen entfernteren Hafen dienen zwar die Vorschriften dieser Verordnung in gleicher Weise zur Richtschnur, indeß ist dabei der Inspection vorab nachzuweisen, daß die Beförderung nach diesem Zwischenhafen in angemessener Weise und, sofern sie zu Wasser geschieht, in dazu geeigneten und gehörig verproviantirten Schiffen erfolgen werde und daß und wie hinsichtlich der weiteren Seereise wegen der Tüchtigkeit und Räumlichkeit des Seeschiffes, wegen des Proviants und wegen der übrigen Ausrüstung die Untersuchung und Bescheinigung in einer nach dem Ermessen der Inspection genügenden Weise Statt finden solle.

Auch finden die Bestimmungen dieser Verordnung in Betreff der Versicherung der Passage- und Verwendungsgelder sowohl für die Reise nach dem Zwischenhafen, als auch für die weitere Seereise Anwendung, wobei indeß die Art der Nachweisung der erfolgten Versicherung dem Ermessen der Inspection überlassen ist.

Geschieht jedoch die Einschiffung in einem Hannoverschen oder Oldenburgischen nicht an der Weser gelegenen, oder in einem Hamburgischen Hafen, so reicht hinsichtlich aller die endliche Seereise betreffender Erfordernisse bis auf Weiteres der Nachweis hin, daß den an jenen Plätzen für die Beförderung von Schiffspassagieren bestehenden Gesetzen vollständig genügt sei.

§. 52. An Bord eines jeden Seeschiffes, mit welchem Passagiere befördert werden, muß sich mindestens Ein beglaubigtes Exemplar dieser Verordnung in deutscher und in englischer Sprache befinden, und ist dafür der Schiffsexpedient verantwortlich.

§. 53. Die Bestimmungen dieser Verordnung kommen bei denjenigen Schiffsexpeditionen, durch welche weniger als zwölf Passagiere befördert werden, nicht zur Anwendung, nur muß auch in diesen Fällen die Versicherung der Passage- und Verwendungsgelder vorschriftsmäßig erfolgen, wenn das Passagegeld sämmtlicher Passagiere die Summe von Eintausend Thalern übersteigt, und ist der Schiffsexpedient, wenn keine Versicherung der Passage- und Verwendungsgelder erforderlich, für deren Betrag persönlich verhaftet.

Kinder, unter einem Jahre alt, sind zwar in dem Verzeichnisse der Passagiere aufzuführen, im Uebrigen aber rücksichtlich sämmtlicher Vorschriften dieser Verordnung nicht mitzurechnen.

§. 54. Uebertretungen dieser Verordnung werden, sofern nicht für einzelne Fälle ein Anderes bestimmt ist, unter Berücksichtigung der jedesmaligen Umstände, mit einer Geldstrafe bis zu fünfhundert Thalern, bei vorhandenem Unvermögen mit verhältnißmäßiger Gefängnißstrafe geahndet. Bei wiederholter Uebertretung der Vorschriften dieser Verordnung kann die Strafe bis zum zwiefachen Betrage erhöhet werden.

Verletzungen des Bürgereides unterliegen außerdem der gesetzlichen Bestrafung.

§. 55. Diese Verordnung tritt mit dem 1. Juli 1854 in Kraft, und sind durch dieselbe alle bisher publicirten Vorschriften, soweit sie die Annahme oder Beförderung von Schiffspassagieren betreffen, aufgehoben; indeß bleibt es der Behörde überlassen, mit Rücksicht auf bereits eingeleitete Verträge oder die bis zu dem gedachten Zeitpunkte nicht wohl thunliche Beschaffung neu eingeführter Erfordernisse in einzelnen Fällen zeitweilig eine Dispension zu ertheilen.

Beschlossen Bremen in der Versammlung des Senats am 7. und publicirt am 14. Juni 1854.

Polizeiliche Bekanntmachung.

Dem ihr gewordenen Auftrage des Senats zufolge bringt die Polizeidirection durch die nachstehend erneuerte Bekanntmachung der Obrigkeitlichen Verordnung vom 17. Mai 1854 das Verbot des Verkaufs von Billets zur Weiterbeförderung von Auswanderern von dem überseeischen Landungsplatze nach dem Bestimmungsorte im Innern in Erinnerung und warnt vor Uebertretungen dieser Verordnung, welche unnachsichtlich auf's Schärfste werden geahndet werden.

Obrigkeitliche Verordnung.

Bereits unterm 18. October 1851 hat die Polizeidirection an die Auswanderer eine Warnung erlassen, sich schon vor ihrer Ankunft in einem überseeischen Hafen mit Billets zur Weiterbeförderung (auf Eisenbahnen, Dampfschiffen, Kanalböten 2c.) von dem überseeischen Landungsplatze nach dem Bestimmungsorte im Innern zu versehen und sie auf die Nachtheile und Täuschungen aufmerksam gemacht, denen sie sich durch Annahme solcher Billets aussetzen, ihnen dagegen empfohlen, in New-York, New-Orleans, Baltimore und Philadelphia sich ausschließlich des unentgeltlichen Rathes der Agenten der Deutschen Gesellschaften zu bedienen. Zugleich hat die Polizeidirection alle hiesigen Einwohner daran erinnert, daß, wie es überhaupt die Pflicht eines Jeden sei, den zum Behuf ihrer Weiterbeförderung vertrauensvoll zu uns kommenden Auswanderern mit Rath und That beizustehen und allen Nachtheil von ihnen nach Kräften abzuwenden, so auch Jeder sich des Verkaufsbetriebes solcher Billets und der Beihülfe zu solchem Billethandel zu enthalten habe.

Dem Senate ist indeß berichtet worden, daß diese polizeiliche Warnung nicht den erwarteten Erfolg gehabt habe, vielmehr der gerügte Billethandel hin und wieder in ausgedehntem Maaße betrieben und dadurch das Wohl der Auswanderer, die zur Annahme solcher Billets verleitet werden, auf nicht zu rechtfertigende Weise gefährdet werde.

Der Senat sieht sich deshalb im Interesse der Auswanderer veranlaßt, hiedurch zu verordnen:

1) Der Verkauf von Billets zur Weiterbeförderung der Auswanderer von dem überseeischen Landungsplatze nach dem Bestimmungsorte im Innern wird Jedem, ohne Ausnahme, bei Androhung einer Geldstrafe von 10 bis zu 50 Thalern und im Unvermögensfalle bei angemessener Gefängnißstrafe verboten.

2) Die Auswandererexpedienten und Schiffsmäkler, so wie die Gastwirthe, welche Auswanderer logiren, sind hiedurch angewiesen, ein Exemplar dieser Verordnung an in die Augen fallender Stelle in ihren Geschäftslocalen und Gasthäusern anzuschlagen, und daselbst fortwährend angeschlagen zu halten, bei Vermeidung einer Geldstrafe von 1 bis 10 Thalern.

Beschlossen Bremen in der Versammlung des Senats vom 15. und bekannt gemacht am 17. Mai 1854.

Bremen, den 17. April 1856.

Die Polizeidirection.

Polizeiliche Bekanntmachung.

Da unter Denen, welche zum Zweck der Auswanderung in einen andern Welttheil hierher kommen, sich oft Personen befinden, welchen es an den erforderlichen Geldmitteln fehlt, und Fälle der Art, vermuthlich durch Mißverstehen der in öffentlichen Blättern erschienenen, die Auswanderung nach Peru betreffenden Ankündigungen hiesiger Schiffsexpedienten, in jüngster Zeit häufiger vorgekommen sind, so sieht sich die

Polizeidirection veranlaßt, hiedurch Alle, welche die Absicht haben, über Bremen in einen andern Welttheil auszuwandern, zu warnen, nicht ohne die zur Bezahlung der Ueberfahrtskosten und zur Bestreitung ihrer anderweitigen Bedürfnisse hinreichenden Geldmittel hieher zu kommen, indem ihnen sonst der Aufenthalt hier nicht gestattet werden kann, sie vielmehr ohne Weiteres in ihre Heimath werden zurückgewiesen werden.

Bremen, den 7. October 1851.

Die Polizeidirection.

Obrigkeitliche Verordnung,

Bestimmungen zu der Verordnung vom 14. Juni 1854, wegen Beförderung von Schiffspassagieren, enthaltend.

In Ansehung einzelner Bestimmungen der die Beförderung von Schiffspassagieren betreffenden Verordnung vom 14. Juni 1854 haben seither einige Zusätze oder Abänderungen als zweckmäßig sich ergeben. Der Senat findet sich daher veranlaßt, in Uebereinstimmung mit der Handelskammer und nach Vernehmung des Kaufmannsconvents, hiedurch das Folgende zu verordnen:

1.

Zu §§. 4 und 10 der Verordnung.

Schiffscapitaine sind zwar befugt, Passagiere für das von ihnen selbst zu führende Schiff im Auftrage und für Rechnung ihrer Rheder anzunehmen, sofern diese den Erfordernissen des §. 4 der Obrigkeitlichen Verordnung vom 14. Juni 1854 genügt haben; indeß haften die Rheder selbstschuldnerisch sowohl für die Befolgung aller in Betreff der Annahme von Schiffspassagieren bestehender gesetzlicher Vorschriften, als auch für die Erfüllung des Vertrags, sowohl den Passagieren als dem Bremischen Staate gegenüber.

2.

Zu §. 26 der Verordnung.

Rücksichtlich des Schiffsraumes sind zwei Kinder unter zehn Jahren für Einen Passagier zu rechnen.

3.

Zu §. 32 der Verordnung.

Die im §. 32 der Obrigkeitlichen Verordnung vom 14. Juni 1854 enthaltene Vorschrift, nach welcher für jeden Passagier eine gewisse Quantität Kartoffeln, je nach der wahrscheinlich längsten Dauer der Reise, mitzunehmen ist, bezieht sich auf frische Kartoffeln. Es ist aber gestattet, einen Theil dieser Vorräthe durch eine entsprechende, dem Gewichte nach geringere Quantität von Kartoffelpräparaten in getrocknetem, beziehungsweise gepreßtem Zustande zu ersetzen.

Ebenso kann ein Theil der nach der nämlichen Vorschrift der erwähnten Verordnung an Mehl, Reis, Sauerkraut, getrocknetem Obst, Hülsenfrüchten und Scheldegerste, je nach der wahrscheinlich längsten Dauer der Reise für jeden Passagier mitzunehmenden Vorräthe durch eine entsprechende, dem Gewichte nach geringere Quantität gepreßter Vegetabilien derselben Art ersetzt werden.

Die Behörde für das Auswandererwesen ist ermächtigt, hinsichtlich der ihr geeignet scheinenden Präparate das Gewichtsverhältniß der getrockneten, beziehungsweise gepreßten Kartoffeln und sonstigen Vegetabilien zu den in der Obrigkeitlichen Verordnung vom 14. Juni 1854 vorgeschriebenen Quantitäten, sowie die erforderlichen Bestimmungen darüber, ein wievielter Theil des mitzunehmenden Proviants in getrocknetem oder gepreßtem Zustande mitgenommen werden dürfe, festzusetzen und bekannt zu machen.

4.
Zu §. 35 der Verordnung.

Die Bestimmung des §. 35 der Obrigkeitlichen Verordnung vom 14. Juni 1854 wird dahin abgeändert:

Für die aus dem Hafen zu Bremerhaven abgehenden Schiffe gelten folgende besondere Bestimmungen:

a. Es ist verboten, die Passagiere eher als am Tage vor dem Antritt der Seereise an Bord eines Schiffes zu beherbergen, oder dieselben vor dem wirklichen Antritte der Reise an Bord zu beköstigen, sowie überhaupt von den für die Passagiere angeschafften Reisevorräthen etwas zu gebrauchen oder zu benutzen.

Nur von dem Erfordernisse, die Passagiere nicht eher als am Tage vor dem Antritte der Seereise an Bord zu beherbergen, kann in besonderen Fällen von der Behörde eine Dispensation ertheilt werden.

Dagegen darf das Schiff an Fleisch, Speck, Brod, Butter und Kartoffeln um elf Tage weniger verproviantirt werden als durch die Vorschrift des §. 31 der Obrigkeitlichen Verordnung vom 14. Juni 1854 festgesetzt ist.

b. Die Beherbergung und Beköstigung der Zwischendeckspassagiere am Lande darf nur Seitens solcher Personen und in solchen Räumen geschehen, welche die Behörde als geeignete ausdrücklich anerkannt hat, und unterliegt deren fortwährender Aufsicht.

5.

Zu §. 44 der Verordnung.

Die Belegung baar deponirter Passage- und Verwendungsgelder kann auch bei der Bremer Bank geschehen.

6.

Zu §. 48 der Verordnung.

a. Der Schiffsexpedient hat, wenn die Ausrüstung nicht durch ihn selbst geschehen, sondern einem Andern übertragen ist, der Inspection auch eine von diesem an Eidesstatt ausgestellte Declaration einzureichen,

> daß die Ausrüstung in jeder Hinsicht nach Maßgabe der Bremischen gesetzlichen Vorschriften auf .... Wochen für .... Passagiere von ihm beschafft sei.

b. Ferner muß der Schiffsexpedient in allen Fällen eine vom Capitain und vom Obersteuermann an Eidesstatt ausgestellte Declaration des Inhalts einreichen:

> daß die für die Passagiere bestimmten Ausrüstungsgegenstände, welche in dem den Besichtigern übergebenen Verzeichnisse specificirt worden, ihrer gewissenhaften Ueberzeugung nach wirklich an Bord sich befinden,
>
> und daß sie von dem Proviant weder etwas von Bord bringen lassen, noch vor dem Antritt der Reise etwas verbrauchen oder verbrauchen lassen wollen,
>
> daß sie ein beglaubigtes Exemplar der Bremischen Obrigkeitlichen Verordnung vom 14. Juni 1854 und vom 27. April 1857 in

deutscher und in englischer Sprache behändigt erhalten und von deren Vorschriften Kenntniß genommen haben, diesen Bestimmungen gewissenhaft nachleben zu wollen geloben, und hinsichtlich aller aus den übernommenen Pflichten wider sie erwachsender Ansprüche der Entscheidung der Bremischen Behörden sich unterwerfen.

Ein Formular dieser Declaration ist dem Capitain oder dem Obersteuermann bei der Besichtigung von dem Besichtiger zuzustellen.

7.

Zu §. 54 der Verordnung.

Uebertretungen der Obrigkeitlichen Verordnung vom 14. Juni 1854 oder dieser Verordnung werden, sofern nicht für einzelne Fälle ein Anderes bestimmt ist, unter Berücksichtigung der jedesmaligen Umstände mit einer Geldstrafe bis zu fünfhundert Thalern, bei vorhandenem Unvermögen mit verhältnißmäßiger Gefängnißstrafe geahndet. Bei wiederholter Uebertretung kann die Strafe bis zum zwiefachen Betrage erhöht werden.

Verletzungen des Bürgereides unterliegen einer besonderen Bestrafung.

8.

Diese Verordnung tritt am 1. Juni 1857 in Kraft, und sind durch dieselbe alle entgegenstehenden Vorschriften aufgehoben.

Beschlossen Bremen in der Versammlung des Senats vom 22. und bekannt gemacht am 27. April 1857.

Obrigkeitliche Verordnung,
die Beförderung von Schiffspassagieren nach dem Abgangshafen betreffend.

Zu weiterer Ergänzung der bestehenden, die Beförderung von Schiffspassagieren betreffenden Vorschriften und im Einverständniß mit der Handelskammer, sowie nach Vernehmung des Kaufmannsconvents

Verordnet der Senat wie folgt:

§. 1.

Die Beförderung der zur Reise nach einem außereuropäischen Hafen angenommenen Schiffspassagiere von der Stadt Bremen nach dem Abgangshafen muß, sofern dieselbe zu Wasser erfolgen soll, auf **Dampfschiffen** oder auf **Fahrzeugen, die von Dampfschiffen geschleppt werden,** geschehen.

§. 2.

Der Behörde für das Auswandererwesen ist überlassen, in einzelnen Fällen, namentlich wenn Dampfschiffe nicht wohl zu beschaffen sind, eine Dispensation von dem vorgedachten Erfordernisse (§. 1) zu ertheilen.

§. 3.

Uebertretungen dieser Verordnung werden, unter Berücksichtigung der jedesmaligen Umstände, mit einer Geldstrafe bis zu fünfzig Thalern geahndet. Bei wiederholter Uebertretung kann die Strafe bis zum zwiefachen Betrage erhöht werden.

Beschlossen Bremen in der Versammlung des Senats vom 24. und bekannt gemacht am 26. März 1858.

Bekanntmachung,
die Besichtigung und Verproviantirung der Auswandererschiffe betreffend.

Es ist vorgekommen, daß die beeidigten Schiffs- und Proviantbesichtiger zur Ausübung ihres Aufsichtsgeschäfts erst, nachdem sich in einem hinderlichen Maße Waaren und Passagiere bereits an Bord der Auswandererschiffe befanden, mithin so spät herangezogen worden sind, daß dieselben nicht mehr im Stande waren, ihre Pflicht mit der erforderlichen Genauigkeit und Vollständigkeit wahrzunehmen.

Die unterzeichnete obrigkeitliche Behörde hat daher den gedachten Officianten die bestimmte Weisung ertheilt, nicht nur, sie ohne Verzug davon in Kenntniß zu setzen, wenn fernerhin ein Fall erwähnter Art sich ereignen sollte, sondern auch, alsdann darauf zu dringen daß, vorab Waaren und Passagiere, soweit es zur gehörigen Besichtigung nöthig erscheine, wiederum aus dem Schiffe entfernt werden, und erst, nachdem dieses geschehen sei, zur Vornahme des ihnen obliegenden Geschäfts zu schreiten.

Demnach wird ein Jeder, den es betrifft, dafür, daß rechtzeitig die Aufforderung an die Officianten gelange, Sorge zu tragen und dies ganz besonders in den Fällen zu beobachten haben, wo die Beladung des Schiffs nicht am Wohnorte der Schiffs- und Proviantbesichtiger stattfinden soll; — und darf übrigens in keiner Weise erwartet werden, daß die Behörde Nachsicht üben könne und werde, welche weder das wohlverstandene Interesse der Auswanderer noch unsere dieses Interesse sicherstellende Gesetzgebung gestattet.

Bremen, den 23. Februar 1859.

Die Commission des Senats
bei der Behörde für das Auswandererwesen.

Die nachfolgenden Regeln werden den Auswanderern nach New-York zur Beachtung empfohlen von dem Nachweisungs-Büreau für Auswanderer in Bremen.

Rathschläge und Warnungen

für

Alle deutsche Einwanderer nach New-York,

erlassen von der schon seit dem Jahre 1784 zum Schutze der Einwanderer bestehenden

deutschen Gesellschaft der Stadt New-York.

1. Das Agentur-Lokal der Deutschen Gesellschaft befindet sich in

No. 86 Greenwich-Street,

nicht weit von dem Landungsplatze Castle Garden. Ueber den Fenstern des zu ebener Erde liegenden Büreau's ist ein Schild, worauf mit Goldschrift auf schwarzem Grunde die Worte stehen:

Deutsche Gesellschaft der Stadt New-York.

Diese Worte dürfen in derselben Reihenfolge auf keinem Schilde irgend eines andern Büreau's stehen, worauf wir deshalb besonders zu achten bitten. Es findet in diesem Büreau jeder deutsche Einwanderer Rath und Beistand ganz unentgeltlich. Er hüte sich deshalb vor Betrügern, deren Geschäft es ist, Einwanderer in andere Lokal zu führen, wo ihnen zu theuern Preisen Reisebillets in's Innere angeboten werden und für ertheilte Auskunft Geld abgefordert wird.

Wo dergleichen geschieht, ist nicht die richtige Agentur, denn die deutsche Gesellschaft ist eine Wohlthätigkeitsgesellschaft; sie verkauft keine Reisebillets und giebt jede Auskunft und jede Arbeitsnachweisung in der freundlichsten Weise gratis.

2. Jedem Auswanderer empfehlen wir, sich vor seiner Abreise nochmals impfen zu lassen, da auf den Schiffen, wo so viele Menschen in kleinen Räumen zusammenleben müssen, häufig Pockenkrankheiten vorkommen, und Viele, die seit Jahren nicht geimpft sind, dieser Krankheit unterliegen oder dadurch entstellt werden.

Die meisten Pockenkranken, welche hier gleich in's Lazareth gebracht werden müssen, sind Deutsche, die mit Schiffen von Havre kommen.

3. Niemals sollten Auswanderer sich verleiten lassen, ihre Passagebillets von New-York weiter in das Innere des Landes schon in Europa zu kaufen, oder auf dergleichen Billets irgend eine Anzahlung zu machen. Sie laufen wenigstens Gefahr, zu viel dafür zu bezahlen, und um den Betrag ihrer Anzahlung hier betrogen zu werden. Oft aber hat es sich herausgestellt, daß die aus Europa mitgebrachten Beförderungsscheine gänzlich werthlos, also das dafür gezahlte Geld weggeworfen war.

4. Keine Anpreisung, hiesige Ländereien schon in Europa anzukaufen, sollte von Auswanderern je berücksichtigt werden. Wir müssen ihnen entschieden anrathen, hier an Ort und Stelle selbst Klima und Boden vorab zu prüfen, und dann sich da niederzulassen, wo ihnen dies nach eigenem Urtheil am geeignetsten erscheint.

5. Handwerker müssen wir darauf aufmerksam machen, daß sie im Innern der Union ein besseres Unterkommen, wie in den großen Seestädten finden. Die Concurrenz ist hier zu groß, und die Arbeitslöhne sind meistens in Folge dessen gedrückt. Vor Allem aber bitten wir alle Professionisten, seien sie Meister oder Gesellen, mit der festen

Ueberzeugung drüben abzureisen, daß sie hier noch sehr viel lernen können, und lernen müssen! Dies bewahrt sie vor vielen unangenehmen Täuschungen. Sie werden die Werkzeuge, an die sie sich nicht gleich gewöhnen können, bald der hiesigen Art und Weise der Arbeit angemessen, und die meisten in größerer Vollkommenheit finden, wie in Europa.

6. Alle Auswanderer, die nach New-York oder anderen nördlichen Häfen fahren wollen, werden wohl daran thun, sich nicht vor dem 1. März und nicht später, als Mitte September, einzuschiffen. Während December, Januar und Februar nämlich stocken hier die Geschäfte, und die Passage in's Innere ist mehr oder weniger erschwert. Denjenigen aber, die in New-Orleans landen wollen, um von da weiter nach den westlichen Staaten zu gehen, rathen wir, nicht zwischen dem 1. April und 1. August in See zu gehen, weil sie sonst bei ihrer Ankunft große Gefahr laufen, sehr gefährlichen Fiebern zu erliegen, welche in den Sommermonaten im Süden herrschen.

7. Dringend warnen müssen wir deutsche Auswanderer vor der Einschiffung in englischen Häfen. Sie müssen häufig dort lange warten und viel Geld verzehren, so daß sie dann hier ohne Mittel ankommen. Auch werden sie in engen Räumen nur mit Menschen zusammengesteckt, deren Sprache sie nicht verstehen, und die von der Schiffsmannschaft auf jede Weise bevorzugt werden. Mißverständnisse führen zu Unannehmlichkeiten und mehrfach zu Brutalitäten seitens der Matrosen. Wir hören jedes Jahr die gegründetsten Beschwerden und Klagen, sowohl darüber, als daß auf solchen Schiffen, besonders denen von Liverpool, wegen schlechter Nahrung und Ueberfüllung der Räume das Typhus- oder Schiffsfieber entstanden, eine Krankheit, die bekanntlich viele Todesfälle

verursacht. Wir rufen deshalb Jedem, der auszuwandern gedenkt, die wohlgemeinte Warnung zu:

Hört nicht auf die Anpreisungen solcher Agenten dort, die Euch mit englischen Schiffen nach New-York schicken wollen! Ihr würdet es sonst später bitter bereuen.

8. Viel baares Geld im Koffer oder in den Taschen mitzunehmen, ist nicht rathsam; wir müssen anempfehlen, für größere Summen von den anerkannt besten Bankhäusern Wechsel auf hier zu kaufen, und zwar solche, die hier gleich bei Vorzeigung ausbezahlt werden.

9. Alle Auswanderer werden bei ihrer Ankunft hier im Hafen durch ein Dampfboot der Emigrantenbehörden von ihrem Schiffe abgeholt und unentgeltlich nach dem Emigranten=Depot Castle Garden gebracht. Vorher aber werden ihre Koffer und Effecten von den Zollbeamten untersucht. Dabei aber müssen wir Jedem dringend empfehlen, genau zu achten, daß an jedes Stück von seinem Gepäck eine an einen ledernen Riemen befindliche Kupfermarke gehängt werde, deren Gegenstück, welches mit derselben Nummer versehen sein muß, dem Einwanderer übergeben wird. Diese Kupfermarken müssen von ihnen sorgfältig aufgehoben werden, weil nur gegen deren Auslieferung alsdann später die Rückgabe der Gepäckstücke erfolgt.

10. Castle Garden ist der Landungsplatz für alle Einwanderer. Dort finden sie die nöthigen Räumlichkeiten, um sich bis zu ihrer Abreise aufzuhalten, wenn sie nicht gleich, sondern erst in ein oder zwei Tagen weiterreisen wollen. Hier kaufen sie auch ihre Reisebillets in's Innere zu den reellen Office=Preisen. Wollen sie in ein Gasthaus gehen, so finden sie auf einer Tafel die Namen derjenigen Hotels, die besonders empfehlenswerth sind, und wir warnen sie, wenn sie Castle Garden verlassen haben, ja nicht auf

den Rath von Gaunern zu hören, deren sich viele in der Nähe umhertreiben, und unter dem Vorgeben der Menschenfreundlichkeit und aus reinem Gefühl der Landsmannschaft, es auf alle erdenkliche Weise versuchen, sie in Gasthäuser oder in Comptoire zu führen, wo sie geprellt oder betrogen werden.

Wenn sie glauben, irgend einer besondern Hilfe in Castle Garden zu bedürfen, so wird ihnen diese von unserm Präsidenten oder einem andern daselbst anwesenden Beamten der deutschen Gesellschaft bereitwilligst ertheilt. Irgend einer der deutsch redenden Angestellten wird ihnen sagen, wo sie denselben finden.

11. Jedem Einwanderer ist dringend gerathen, sich den richtigen Namen des Schiffes und des Capitains, womit er gekommen, aufzuzeichnen; auch das Datum der Ankunft, damit er darüber später zu jeder Zeit genaue Auskunft geben kann. Auch sollte er Sorge tragen, daß sein Name am Einschiffungsplatze sowohl, wie in Castle Garden richtig geschrieben werde, weil dies möglicher Weise für ihn von größter Wichtigkeit sein kann.

12. Unter allen Umständen sollte jeder Auswanderer mit dem festen Entschlusse abreisen, seiner neuen Heimath Ehre machen zu wollen.

Es bedarf hier des ausdauerndsten Fleißes und der Sparsamkeit wenigstens eben so sehr, wie in Europa. Wer diese Tugenden übt, verbunden mit der genauesten Rechtlichkeit und der strengsten Liebe zur Wahrheit, wird sich bald heimisch fühlen und Anerkenunng erwerben.

Wir heißen Alle solche herzlich willkommen.

Der Verwaltungsrath der deutschen Gesellschaft.

New-York, im August 1858.

Die vom Staate Newyork
zum
Schutz aller Einwanderer
besonders eingesetzte Commission

an die

Deutschen Einwanderer,
welche in Newyork landen.

Warnung. — Trauet nicht unbedingt den Mäklern, wenn sie auch ein Schild mit den Worten „licensed emigrant runners" auf der Brust tragen, noch den Wirthen, welche beide Euch gleich bei Eurer Ankunft, gewöhnlich schon am Schiffe, unter dem Vorgeben der Landsmannschaft und Freundschaft umdrängen, und Euch zu überreden suchen, die Passage für die Weiterreise sofort zu accordiren. Es ist ungesetzlich, schon am Bord der Schiffe, auf den Landungsplätzen oder auf den Straßen, Passagiere zur Weiterreise einzuschreiben, Euch Fahrkarten (genannt Tickets) zu verkaufen, oder Handgeld von Euch darauf zu nehmen. Dies darf nur in der Stadt selbst und zwar nur in den Büreaus der Passagier-Beförderer geschehen. Unter den Prellereien, die gegen Einwanderer ausgeübt werden, ist keine häufiger, als eine Uebervortheilung in den Fahrpreisen und dem Preise für Uebergewicht bei dem Gepäck, und gegen diese Prellerei giebt es keinen anderen Schutz, als die genaue Beachtung der nachstehenden Bemerkungen. Bemerkt Euch auch, daß von Seiten der Deutschen Gesellschaft weder deren Agent noch sonst irgend eine in deren Dienst stehende Person auf die Schiffe kommt, und daß Ihr demnach allen denjenigen durchaus keinen Glauben und Vertrauen schenken dürft, die sich Euch am Bord der Schiffe als Abgesandte der Deutschen Gesellschaft vorstellen.

Rath. — Einwanderer haben in der Regel*) das Recht, zweimal 24 Stunden nach Ankunft mit ihrem Gepäck auf dem Schiffe zu bleiben. Demnach haben diejenigen, welche gleich weiter reisen wollen, gewöhnlich nicht nöthig, sich in ein Wirthshaus einzulogiren, sondern sie sollten, zur Ersparung von Zeit und Kosten, das Gepäck auf dem Schiffe lassen, und blos in die Stadt gehen, um über die Art und den Preis der Weiterreise genaue und zuverlässige Erkundigungen einzuziehen.

Dies kann zu jeder Tageszeit geschehen, und es erfordert nicht viel Zeit, da die Passage-Büreaus, wo diese Tickets verkauft werden (sowie auch die weiterhin erwähnte Agentur der Deutschen Gesellschaft) sich in geringer Entfernung der Landungsplätze befinden. Auch die Weiterreise kann jeden Tag, ohne Ausnahme, nach allen möglichen Richtungen hin, angetreten werden, und zwar in der Regel erst Abends gegen 5 oder 6 Uhr, weshalb Ihr Euch nicht zu übereilen braucht. Das frühe Abschließen eines Contractes sichert Euch weder einen bessern Platz, noch irgend einen andern Vortheil über einen später abgeschlossenen Vertrag.

Gepäck. — Auf diese Weise könnt Ihr nach Ankauf der Fahrkarten Euer Gepäck gleich vom Schiff auf das Dampfboot, die Eisenbahn oder den Wagen bringen lassen, womit Ihr Eure Weiterreise anzutreten habt. Der Einwanderer hat seine besondere Aufmerksamkeit auf sein Gepäck zu richten, damit dasselbe nicht gestohlen werde. Man sehe genau zu, wem man es anvertraut.

Zur Fortbringung des Gepäcks, sei es zur Weiterreise oder in's Wirthshaus, wendet Euch nur an solche Fuhrleute, deren Karren mit einer Nummer versehen sind, und bemerkt Euch sorgfältig die Nummer der Karre, auf welcher Eure

---

*) Die von Bremen aus Beförderten gesetzlich.

Sachen fortgefahren werden; nur auf diesem Wege ist man im Stande, Betrügereien oder Mißverständnissen auf die Spur zu kommen. Accordirt mit dem Karrenführer, bevor Ihr ihn fest annehmt; der gesetzliche Lohn für eine Karrenladung ist 31¼ Cents oder 2½ Schilling auf eine Entfernung, nicht größer als eine halbe englische Meile, und für jede größere Entfernung von je einer halben Meile, ein Drittheil mehr. Was hier in Amerika ein Schilling genannt wird, ist nur ein halber englischer Schilling oder ein Sixpence Sterling.

Wirthshaus. — Wollt Ihr in ein Wirthshaus oder Hotel gehen, so folgt in der Wahl desselben Eurem eigenen freien Willen. In dem Wirthshause angelangt, mögt Ihr gleich zusehen, ob eine Liste der Preise für Kost und Logis, sowie für die einzelnen Mahlzeiten, zur Einsicht angeschlagen ist. Jeder Wirth, der ein Wirthshaus oder ein Hotel für Einwanderer hält, ist gesetzlich verpflichtet, eine solche Preis-Liste anzuschlagen und kein Wirth darf diese Liste in seinen Rechnungen überschreiten; doch ist es rathsam, für Kost und Logis, sei es per Woche, Tag oder für einzelne Mahlzeiten, besonders zu accordiren, wodurch man in der Regel billigere Preise erhält.

Weiterreise. — Wer in's Innere des Landes zu gehen beabsichtigt, mache seinen Aufenthalt hier in der Stadt so kurz als möglich. Jedem deutschen Einwanderer wird hierdurch besonders angerathen, sich vor Ankauf einer Fahrkarte (Ticket) zur Weiterreise, in der Agentur der Deutschen Gesellschaft, Nro. 86 (sage Nummer sechs und achtzig) Greenwich-Straße, oder auch in dem Büreau der Commission zum Schutze der Einwanderer in Castle Garden nach den billigsten und sichersten Reise-Gelegenheiten zu erkundigen. Ihr erhaltet dort unentgeltlich eine bereitwillige Auskunft, und könnt eines unparteiischen und zuverlässigen Rathes gewiß sein. Die Unterlassung einer solchen Vorsicht haben viele Einwanderer bitter zu bereuen gehabt.

Den Schweizern diene zur Nachricht, daß der Schweizer Consul, Herr L. P. de Luze, Nro. 43 New-straße wohnt.

Uebergewicht. — Der Preis für Uebergewicht beim Gepäck muß eben so gut vorher bedungen werden, als der Preis für die Personenfahrt; in beiden Fällen findet häufig gleich große Uebervortheilung statt. Reisende, die viel Gepäck mit sich führen, sollten sich genau erkundigen und es überlegen, ob es nicht rathsam für sie sei, ihre Sachen ganz oder theilweise durch ein zuverlässiges Speditionshaus befördern zu lassen, wodurch sie es sicherer und um mehr als die Hälfte billiger nach ihrem Bestimmungsorte erhalten können.

Personenfahrt. — Die Einwanderer reisen hier im Lande, da, wo keine Dampfschifffahrts-Verbindung ist, entweder per Canal, in von Pferden gezogenen Böten, oder per Eisenbahn. Die Fahrpreise per Canal sind scheinbar viel niedriger, als d e per Eisenbahn, doch hat der Reisende nicht viel Vortheil davon, wenn er bedenkt, wie langsam er auf dem Canale fortkommt (überall findet Selbstbeköstigung statt), und wenn er berücksichtigt, daß auf dem Canal jeder Passagier nur 40 bis 50 Pfund Gepäck frei hat, während ihm auf den Eisenbahnen 100 Pfund, ja auf manchen zur Sommerzeit selbst 150 Pfund, ohne extra Vergütung erlaubt werden.

Reise-Routen. — Von New-York aus giebt es zwei Hauptrichtungen für den Einwanderer, nämlich einmal über Dunkirk oder Buffalo, und zweitens über Philadelphia und Pittsburg. Ohne ganz besondere Gründe und ohne vorher den Rath der Deutschen Gesellschaft eingeholt zu haben, unterhandle und bezahle man hier in New-York für keine weitere Reise als bis Buffalo oder Philadelphia und mache erst an diesen Plätzen einen ferneren Accord für die Weiterreise; es ist schon vorgekommen, daß hier gekaufte Fahrkarten oder Tickets, auf entfernteren Stationen, als den genannten, als ungültig sich erwiesen haben.

Dunkirk. — Von New-York nach Dunkirk reist man mit der New-York- und Erie-Eisenbahn, deren Passage-Büreau am Fuße der Duane-Straße am North-River ist und deren Dampfschiff auch von diesem Büreau abgeht. Die New-York- und Erie-Eisenbahn bietet den Reisenden unter anderen Vortheilen auch den dar, daß auf derselben das Gepäck schon hier gewogen und unter Aufsicht genommen wird, wodurch die Reisenden vielen Prellereien und Unannehmlichkeiten auf der Weiterreise überhoben werden.

Albany und **Buffalo.** — Von New-York nach Albany reist man immer per Dampfschiff. Von Albany nach Buffalo giebt es zwei Wege, den einen per Canal, auf welchem die Reise 7 bis 11 Tage dauert, und den andern per Eisenbahn, auf welchem man nur 24 Stunden unterwegs ist.

Philadelphia. — Von New-York nach Philadelphia reist man am richtigsten mit der Amboy- und Camden-Eisenbahnroute.

Die Touren in's Innere, z. B. nach Wisconsin, Illinois, Indiana, Cincinnati, St. Louis u. s. w., können auf verschiedne Weise gemacht werden, je nachdem Reisende die Beförderung per Canal oder per Eisenbahn und Dampfschiff vorziehen. Ihr Einwanderer solltet Euch also zuerst über die Euch offenstehenden Wege belehren lassen, ehe Ihr die Fahrkarten (Tickets) löset. Bei Lösung dieser Fahrkarten verlangt ausdrücklich die bestimmte schriftliche Angabe der Reiseroute, mit der zusätzlichen Angabe der Hauptstationen, auf denen die Beförderungsweise, wie da ist:

Canal, Dampfboot und Eisenbahn, sich ändert; begnügt Euch aber ja nicht mit blos mündlichen Versprechungen oder Versicherungen, wodurch bisher die mehrsten Täuschungen und Betrügereien verübt worden sind.

Bewahret diesen Zettel zur Belehrung.

Wilh. A. Baylay,
General-Agent der zum Schutz der Einwanderer von der
Regierung des Staats New-York eingesetzten
Commission.

New-York, 1851.

Regeln und Bestimmungen
für die
Geschäftsführung in dem zur Landung der Einwanderer bestimmten Depôt im Castle Garden.

1. Alle hier ankommenden Einwanderer sollen bei ihrer Landung an dem erwähnten Landungsplatze genau examinirt werden, um solche auszufinden, wofür eine besondere Bürgschaft gefordert werden kann und solche, welche in Folge ihres Gesundheitszustandes der Pflege in einem Hospital bedürfen.

2. Der zu diesem Zweck angestellte Beamte hat über das Resultat dieser Untersuchung ein Protokoll aufzunehmen und sofort dem Mayor der Stadt in seiner Office Bericht abzustatten.

3. Dieser Beamte hat ebenfalls eine Liste derjenigen auszufertigen, welche der Pflege in einem Hospital bedürfen und hat deren sofortige Beförderung in das geeignete Hospital zu veranlassen.

4. Ehe die Einwanderer den eingezäunten Landungsplatz verlassen und sich zerstreuen, soll jeder Einwanderer, resp. jedes Haupt einer Familie, in geeigneter Weise über ihren Bestimmungsort, über die Reiseroute, die er sich allenfalls gewählt, sowie über seine Mittel zur Bestreitung der Reisekosten befragt werden. Alles dieses soll in geeigneter Weise notirt werden, und

5. soll den Parteien Rath und Auskunft in den einzelnen Fällen ertheilt werden, wie sie es wünschen oder nöthig zu haben scheinen.

6. Weder ein Beamter noch sonst irgend Jemand darf in Bezug auf denselben Bestimmungsort eine Reiseroute vor einer anderen vor-

zugsweise empfehlen, eben so wenig in Betreff des Ankaufs der Reisetickets eine Office vor einer anderen in dem Landungsdepôt; und zwar bei Strafe, daß er von dem eingezäunten Depôt ausgeschlossen, resp. entfernt wird, unbeschadet der sonstigen Strafen, in die er dem bestehenden Staatsgesetz nach wegen unbefugter Anwerbung von Einwanderern verfällt.

7. Gleich nach der stattgehabten Untersuchung und Befragung soll jeder Passagier mit hinreichendem Wasser versehen werden, um sich zu reinigen.

8. Das Innere des Gebäudes, sowie die Gallerien und die damit in Verbindung stehenden Promenaden sind zur freien Benutzung der Einwanderer bestimmt, bis sie fertig sind, wegzugehen.

9. Diejenigen Einwanderer, welche sich entschlossen haben, in der Stadt New-York oder in deren nächsten Umgebung zu bleiben, dürfen das Depôt bei der Landseite verlassen, sobald sie sich gehörig gereinigt haben.

10. Die Kosten für das Ueberbringen des Gepäcks von den betreffenden Passagierschiffen nach dem Emigrantendepôt soll von den Schiffseignern, dagegen die Fortschaffung des Gepäckes von diesem Depôt zu dem Platze in der Stadt, von wo der Einwanderer seine Weiterreise antritt, soll von den Eigenthümern der betreffenden Beförderungslinien, wobei die Passage bezahlt ist, getragen werden. Diejenigen Emigranten, welche in der Stadt New-York bleiben, müssen die Kosten der Fortschaffung ihres Gepäcks vom Depôt selbst bestreiten.

11. Die Eigner der verschiedenen Reiserouten sind angewiesen, alle Emigranten, die im Emigrantendepôt ihre Tickets genommen haben, mit ihrem Gepäck zu Wasser nach dem Abfahrtsplatz, frei von allen Kosten, zu schaffen. In keinem Falle ist die Fortschaffung vom Depôt per Land gestattet, es sei denn, daß die Fortschaffung per Wasser durch Eis gänzlich unmöglich ist; in allen Fällen haben die Eigner der Beförderungslinien die Kosten zu tragen.

12. Das Gepäck soll, bevor es durch die Eigner der betreffenden Reiseroute vom Depôt fortgeschafft wird, gewogen und jedes Stück mit dem Bestimmungsort und einer Nummer für alle Stücke des einzelnen Passagiers bezeichnet werden und es soll ein besonderer Schein dem Passagier gegeben werden, der die Nummer seines Gepäckscheins, die Anzahl der Stücke, das Gesammtgewicht und die Kosten der Fracht nach dem Bestimmungsort darthut. Dieser Schein muß von einem

besondern Agenten der Eigner der Reiseroute als Empfangsschein für das Gepäck unterzeichnet sein.

13. Niemand soll als Clerk, Billetverkäufer oder Dolmetscher oder in irgend einer anderen Eigenschaft in einer Office innerhalb der Umzäunung beschäftigt werden, sofern er nicht vorher den Commissioners vorgeschlagen und von denselben angenommen worden ist. Eine solche Anstellung oder Genehmigung kann übrigens zu irgend einer Zeit zurückgenommen und die betreffende Person entlassen werden.

14. Die Committee im Emigrantendepôt hat die Macht, einen jeden Beamten oder Gehülfen des Commissioners, sowie jeden Clerk oder Gehülfen der im Depôt stationirten Officehalter wegen Verletzung der Gesetze zu suspendiren und temporär die sich ergebenden Vacanzen für die Commissioners zu besetzen, sowie die von anderen Parteien gemachten Ernennungen zu genehmigen, vorbehaltlich des Consenses der Commissioners of Emigration.

15. Keinem licensirten Emigrantenrunner ist unter irgend einem Vorwand der Eintritt in das Depôt gestattet.

16. Niemand darf in die Umzäunung ohne besondere Erlaubniß des dienstthuenden Beamten zugelassen werden, ausgenommen die Beamten, Gehülfen und Emigranten. Es soll ein Buch gehalten werden, worin die Namen der zugelassenen Personen, sowie die Zeit der Zulassung, eingetragen wird.

Office der Commissioners of Emigration.

New-York, den 13. Juni 1855.

In einer Versammlung des Boards, welche am heutigen Tage gehalten wurde, sind die vorstehenden Regeln und Bestimmungen für die Geschäftsführung in dem Emigrantendepôt im Castle Garden angenommen worden.

E. Crabtree, Vice-Präsident. **Bruid. Casseby**, Secretair.

Regeln in Bezug auf das Gepäck.

Markiren des Gepäcks. Jedes Stück Gepäck, welches in Castle Garden gelandet werden soll, wird auf dem Schiff mit einer Blechmarke versehen, und nach der Landung in einem sicheren Gepäckhaus verwahrt. — Laßt Euch eine Marke für jedes Stück Gepäck geben. Hütet Euch, diese Marken zu vertauschen oder mit denen anderer Passagiere zu verwechseln. Bewahrt sie sicher auf und gebt sie keinem Wirth ab!

Auslieferung des Gepäcks an Reisende. Passagiere mit Reisekarten, die in Castle Garden gekauft sind, wenden sich wegen ihres Gepäcks an den Waagemeister. Dieser schreibt die Marken auf und schickt nach dem Gepäck. Wartet an der Waage, bis es kommt. Dann wird Euer Name gerufen. Ihr gebt dann Eure Marken ab und erhaltet, wenn das Gepäck gewogen ist, andere Marken für die Eisenbahn. Ihr erhaltet auch eine Quittung über bezahlte Fracht bis zum Bestimmungsort, und eine gedruckte Anweisung der Stationen, wo Ihr unterwegs neue Marken für eine neue Bahnstrecke nehmen müßt. — Befolgt diese Anweisung genau, dann kann kein Versehen mit Eurem Gepäck vorfallen.

Auslieferung des Gepäcks für die Stadt. Passagiere, welche in der Stadt New-York bleiben, oder ihre Reise mit Billeten fortsetzen wollen, die nicht in Castle Garden gekauft worden sind, und daher ihr Gepäck nach andern Abfahrtspunkten bringen müssen, wenden sich wegen ihres Gepäcks an das Bureau des Gepäckmeisters, neben dem süd-östlichen Thor des Gepäckhauses (im Hof an der Landseite). Der Beamte dort schreibt die Nummern der Marken auf, schickt nach dem Gepäck und liefert es an dem Thore ab, wo die Marken abgenommen werden. Wartet an diesem Thore, bis Euer Name gerufen wird, und wenn Ihr Euer Gepäck empfangen habt, laßt es sofort wegführen. Nach Sonnenuntergang wird kein Gepäck ausgeliefert.

John A. Kennedy, Superintendent.

Die nachfolgenden Regeln werden den Auswanderern nach **Baltimore** zur Beachtung empfohlen von dem
Nachweisungs-Bureau für Auswanderer
in Bremen.

An Auswanderer nach Amerika.

Allen in Baltimore landenden Auswanderern ist dringend anzuempfehlen, sich nur des unentgeltlichen Raths und Beistandes des Agenten der Deutschen Gesellschaft, Herrn H. F. Wellinghoff zu bedienen und den vielen unberufenen Rathgebern, welche sie gleich nach ihrer Ankunft zu bestürmen pflegen, kein Gehör zu schenken. Herr Wellinghoff ist verpflichtet, sich sofort nach Ankunft eines jeden mit deutschen Einwanderern hier eintreffenden Schiffes an Bord zu begeben; er wird sich in den meisten Fällen den Passagieren schon vorstellen lassen und durch Vorzeigung einer schriftlichen Vollmacht des Präsidenten als Agent der Deutschen Gesellschaft ausweisen können, bevor das Schiff den Landungsplatz erreicht; er ist außerdem auch stets im Geschäftslokal der Agentur No. 55 Thames Street, Fells Point, anzutreffen.

Auswanderer sollten sich vorzugsweise im Einschiffungshafen mit bei Vorzeigung hier zahlbaren Wechseln versehen. Langsichtige Papiere sind zu vermeiden, ebenso Wechsel auf Plätze im Innern des Landes, weil Letztere gewöhnlich nur am Orte der Auszahlung ohne Verlust einzuziehen, während bei soliden Banken hier deponirte Gelder, worüber diese Scheine ausstellen, überall leicht zu erheben sind und in der Regel selbst mit einer kleinen Prämie. Etwa mitgebrachtes deutsches Geld sollte hier gegen Landesmünze bei irgend einem respectablen Banquier-Hause, welches leicht zu erfragen, umgesetzt und nicht im Wirthshause oder für zu machende Einkäufe in Zahlung gegeben werden.

Jeder achte darauf, daß sein Reisegepäck nicht eher von Bord geschafft werde, als bis es von den Zollbeamten untersucht ist, da am Land gefundenes nicht untersuchtes Gepäck Confiscation und unter Umständen außerdem eine Geldstrafe nach sich ziehen kann.

Auswanderer haben das Recht, 48 Stunden nach Ankunft des Schiffes an Bord zu bleiben und sollten zur Vermeidung von Wirthshauskosten namentlich in dem Falle davon Gebrauch machen, wenn sie am folgenden Tage weiterzureisen beabsichtigen.

Die Baltimore- und Ohio-Eisenbahn bietet die kürzeste und billigste Reisegelegenheit für Alle, welche nach den südlichen Theilen der Staaten Ohio, Indiana und Illinois, sowie nach Kentucky und Tenessee und weiter südlich reisen wollen, und wir müssen diese Bahn auch denjenigen empfehlen, welche nach dem nördlichen Theil von Ohio, oder nach Pennsylvanien, Michigan, Wisconsin, Jowa u. s. w. zu gehen beabsichtigen, so lange die Northern Central-Eisenbahn in ihren jetzigen Fahrpreisen nicht eine Ermäßigung eintreten läßt.

Die Fahrpreise von Baltimore nach folgenden Plätzen betragen:

Ganz ꝛc. Eisenbahn.		ꝛc. Eisenbahn und Dampfschiff.	
Chicago, Jll.	$ 9.50.	Cairo	$ 8.—
Cincinnati, Ohio	6.50.	Chicago, Jll.	9.—
Cleveland, Ohio	5.75.	Cincinnati, Ohio	5.50.
Columbus, Ohio	6.—	Detroit, Mich.	7.—
Cumberland, Md.	2.25.	Galena	12.50.
Indianapolis, Ind.	8.—	Greenongsburg	5.50.
Parkersburg, Va.	5.—	Louisville, Ky.	6.50.
Sandusky, Ohio	7.—	Marietta	4.50.
St. Louis, Mo.	11.—	Maysville	5.50.
Toledo, Ohio	8.—	Milwaukee, Wisc.	10.25.
Wheeling, Va.	4.—	Pomeroy	5.50.
		Portsmouth	5.50.
		St. Louis, Mo.	8.—
		St. Paul, Min. Ter.	15.50.

Kinder von 4 bis 12 Jahren zahlen die Hälfte, unter 4 Jahren sind frei. — Jeder Reisende hat 100 Pfund Gepäck frei. Das Gepäck wird mit den Einwanderern zugleich befördert und gelangt zu gleicher Zeit mit ihnen an Ort und Stelle.

Die Reise mit Schnellzügen geschieht nach Wheeling in 19 Stunden, nach Cincinnati in $1\frac{1}{2}$ Tagen, nach Indianapolis in 2, nach Chicago oder St. Louis in 3 Tagen.

Die Mitnahme vielen Gepäcks über See ist nicht zu empfehlen, da manche Gegenstände hier ebenso billig und in angemessenerer Form zu haben sind. Passagiere haben auf die Beförderung ihres Gepäcks zu achten und darauf zu dringen, daß es überall in den Personenzügen angehängten Wagen sie begleite und nicht mit langsamen Frachtzügen nachgesandt werde.

Aufs Dringendste wird angerathen, keine Fahrbillets irgend welcher Art für die Weiterreise in's Innere schon in Europa anzukaufen.

Arbeitsuchenden empfehlen wir, sich wegen Rath und Nachweisung über Beschäftigung an den Agenten, Herrn H. F. Wellinghoff, No. 55 Thames Street, zu wenden, woselbst sie unentgeltlich alle thunliche Auskunft erhalten werden.

Baltimore, im Februar 1857.

Die Deutsche Gesellschaft in Maryland.
Namens derselben
gez. A. Schumacher,
Präsident.

Die nachfolgenden Regeln werden Auswanderern nach Philadelphia zur Beachtung empfohlen von dem
Nachweisungs-Bureau für Auswanderer
in Bremen.

Verhaltungsregeln
bei der
Ankunft in Philadelphia.

Vornehmlich sind alle mittellose, Arbeit suchende Auswanderer darauf aufmerksam zu machen, wenn möglich, nicht im Spätherbste von dort abzugehen, da hier im Winter selten Arbeit zu bekommen ist. Der Einwanderer wird, wenn im Winter ankommend, oft in eine traurige Lage gesetzt, und ebenfalls ist die Weiterreise in das Innere des Landes zur Winterszeit mit vielen Unannehmlichkeiten verknüpft, und mit viel höheren Kosten verbunden als im Sommer; denn während der Einwanderer in den Monaten März bis November per Canal bis Pittsburg gehen kann, ist er während der Monate December, Januar und Februar einzig und allein auf die theure Eisenbahn angewiesen.

Auswanderer, die keine Professionisten oder Landbauer sind, haben in der ersten Zeit mit manchen Schwierigkeiten zu kämpfen, um ein passendes Unterkommen zu finden.

Wir möchten den Auswanderer warnen, weder in Deutschland noch gleich nach seiner Ankunft in Amerika Land anzukaufen, indem schon viele ihre Uebereilung dadurch zu büßen hatten, daß sie ihr Eigenthum in Folge schlechten Kaufbriefes oder unpassenden schlechten Landes verloren.

Es ist denjenigen anzuempfehlen, die nach dem Innern des Landes weiter zu reisen gedenken, in Europa ihre Passage nicht weiter als bis zum

Landungsplatze in Amerika zu accordiren, da manchmal die in Deutschland gemachten Accorde für das Innere des Landes von den hiesigen Transportationshäusern nicht anerkannt worden, auch oftmals die Einwanderer unvorhergesehener Umstände halber von ihrem Vorhaben abstehen und dann meistens Alles verlieren, was sie bezahlt haben. Wenn Auswanderer für ihre Baarschaften Wechsel auf Plätze in den Vereinigten Staaten nehmen, wo sie nicht gesonnen sind zu verweilen, so ist es räthlich, daß sie nur solche Wechsel kaufen, die bei Vorzeigung zahlbar sind. Es kamen oft Fälle vor, wo der Einwanderer 8—14 Tage im Wirthshause liegen mußte, um die Verfallzeit seines Wechsels abzuwarten. Dem Auswanderer, der sich an Bord eines solchen Schiffes einschifft, das nicht regelmäßig in der Passagierfahrt beschäftigt wird, dürfte anzuempfehlen sein, sich die Bedingungen der Ueberfahrt von seinem Schiffsexpedienten unterschreiben zu lassen, damit, falls dem Contract nicht nachgekommen worden wäre, der Capitain des Schiffes verantwortlich gemacht werden kann.

Alle Auswanderer, die direct oder indirect auf hier kommen, mögen sich zu jeder Zeit bei dem Agenten der hiesigen Deutschen Gesellschaft, Herrn Gottlieb Töpfer wohnhaft und für die Einwanderer zu sprechen Nro. 43 Nord sechste Straße, Raths erholen, der bereitwillig jedem Einwanderer seine Dienste unentgeltlich widmen wird. Die Pflichten des Agenten bestehen darin, dem Einwanderer zu seiner Weiterreise behülflich zu sein, bei Uebervortheilungen sich seiner anzunehmen und nöthigenfalls gegründete Klagen den Händen des Rechtsanwalts der Gesellschaft zu übergeben.

Auch hält der Agent ein Nachweisungs-Büreau für Arbeit suchende Deutsche, vermittelst dessen schon Vielen Arbeit verschafft wurde. — Er untersucht die Umstände hülfsbedürftiger und kranker Einwanderer und berichtet darüber den Beamten der Gesellschaft, die nach Maßgabe des Falles die Leiden ihrer Landsleute entweder durch Unterstützung oder Gewährung freier Medicin und ärztlicher Hülfe zu mildern suchen.

Philadelphia, 1852.

————

Die nachfolgenden Regeln werden Auswanderern nach **New-Orleans** zur Beachtung empfohlen von
dem Nachweisungs-Bureau für Auswanderer
in Bremen,
und dabei bemerkt, daß die nach New-Orleans gehenden Auswanderer ihre Abreise von hier so einrichten müssen, daß sie weder nach Mitte Juli noch vor Anfang November dort eintreffen, weil sie in der Zwischenzeit den Gefahren des gelben Fiebers ausgesetzt sind.

Die Deutsche Gesellschaft in New-Orleans
ertheilt allen
deutschen Einwanderern
folgenden Rath.

Bei Bezahlung des Ueberfahrtsgeldes am Einschiffungsorte oder an den im Innern Deutschlands etablirten Agentschaften werden die Einwanderer wohlthun, sich zu überzeugen und in ihren Empfangscheinen für Passage anführen zu lassen, daß das sog. Commutations- oder Hospitalgeld in der Passage einbegriffen und nicht durch sie zu zahlen, sondern daß der Capitain und Schiffseigner, oder dessen hiesiger Agent dafür verantwortlich ist. Zu bemerken ist noch, daß Kinder unter 10 Jahren und Bürger der Vereinigten Staaten kein Hospitalgeld zu zahlen haben. Diese mit Mäklern, Capitainen oder Agenten abgeschlossenen schriftlichen Contracte sollten niemals und unter keinem Vorwande aus den Händen gegeben werden, weil solche den Auswanderern im Fall von Contractbruch hier als Beweisstücke dienen müssen.

Sie werden wohlthun, schon unterwegs an Schiffsbord, je nach dem weiteren Bestimmungsorte, wenn sie nach dem Innern gehen wollen, Listen mit Anzahl und Namen der nach einem jeden Orte bestimmten Personen zur sofortigen Abgabe an den Agenten der Deutschen Gesellschaft in Bereitschaft zu halten.

Der Agent der Deutschen Gesellschaft von New=Orleans besucht so bald als möglich nach Ankunft alle mit deutschen Einwanderern hier eintreffende Schiffe und bietet seine Dienste an, wofür er, da er von der Gesellschaft besoldet wird, keine Zahlung verlangen darf. Er kann sich durch ein mit dem Siegel der Gesellschaft versehenes und von dem Präsidenten und Secretär derselben unterzeichnetes Diplom als Agent legitimiren. **Wir fordern die Einwanderer auf, auf Vorzeigung dieser Legitimation zu bestehen**, denn gleichzeitig mit ihm, oder vielleicht schon früher, als er, finden sich gemeiniglich eine Menge Dolmetscher, Mäkler, Unterhändler und Karrenführer an Bord des Schiffes ein und bieten ebenfalls ihre Dienste an; sie geben sich häufig und betrüglich für Agenten oder Mitglieder der Deutschen Gesellschaft aus, oder suchen wohl gar den wirklichen Agenten oder die Gesellschaft selbst zu verdächtigen. Wir warnen alle Einwanderer vor diesen Leuten, die einzig und allein ihren eignen Vortheil, nicht aber das Wohl des Einwanderers im Auge haben.

Im Fall der Agent bei Ankunft eines Schiffes durch anderweitige Beschäftigung abgehalten wäre, die Einwanderer an Bord zu sprechen, so sollen sich dieselben, sobald sie an's Land kommen, sogleich nach der Agentur der Deutschen Gesellschaft, Nr. 82 St. Louis-Straße, begeben, um sich daselbst Rath für ihr ferneres Verhalten, sei es, daß sie in der Stadt bleiben oder nach dem Innern weiterreisen wollen, einzuholen.

Niemand kaufe Land schon vor seiner Ankunft hierselbst. Hier giebt der Agent der Deutschen Gesellschaft die beste Unterweisung dazu.

Auf keinen Fall kaufe man Billets zur Weiterbeförderung nach dem Innern schon in Deutschland. In der Regel geräth man dadurch in Schaden!

Allen, die weiterreisen wollen, wird gerathen, nicht ihr Geld und ihre Zeit durch unnützen Aufenthalt in der Stadt zu vergeuden; — gemeiniglich können sie sogleich, d. h., sobald ihr Gepäck vom Zollbeamten untersucht worden ist, vom Schiff auf das Dampfboot gehen, und haben durchaus auf keine Verzehrung und an keinen Aufenthalt im Wirthshause zu denken.

Alle thun wohl, an Bord zu bleiben, bis an sie die Reihe zur Untersuchung des Gepäckes durch den Zollbeamten kömmt. Man verheimliche dabei nichts; Schmuggeln zieht nicht allein den Verlust der Waare, sondern oft auch Geld- und andere Strafe nach sich.

Man zahle die Inland-Passage nicht eher, als bis sie durch den Capitain eingefordert wird, welches gemeiniglich unterwegs geschieht, und versäume nicht, die vom Agenten der Deutschen Gesellschaft empfangene Karte dabei abzugeben. Unterwegs lasse man sich nicht durch die Einflüsterungen vorwitziger Rathgeber von der einmal eingeschlagenen Reiseroute abwendig machen.

Schon in unserm Circulair vom 2. Juni 1847 machten wir es uns zur Pflicht, Einwanderer gegen die Dienste anderer als unserer Agenten zu warnen. Demungeachtet sind neuerdings wieder viele Einwanderer ein Opfer eigennütziger und gewissenloser Unterhändler geworden. Letztere, denen durch die Sorgfalt der Gesellschaft und die Thätigkeit unserer Agenten das Handwerk in der Stadt selbst gelegt worden ist, haben nun ihren Wirkungskreis bis an die Balize erweitert. Die Balize aber ist ein Lootsendorf, ungefähr hundert Meilen von hier, an der Mündung des Flusses gelegen. Von dort aus verfügen sich jene Unterhändler an Bord der Emigrantenschiffe, wo sie dann während der Fahrt den Fluß hinauf, auf eine höchst unvollständige Weise und für Geld den Einwanderern einen geringen Theil der Dienste zu leisten suchen, welche insgesammt unsere Agenten unentgeltlich zu leisten verpflichtet sind.

Wir machen daher Einwanderer wiederholt darauf aufmerksam, daß unsere Agenten unentgeltlich für sie arbeiten, und daß sie nur die Erstattung baarer Auslagen zu fordern berechtigt sind.

Wir machen ihnen ferner bemerklich, daß jene Dolmetscher oder Unterhändler, gegen welche wir warnen, sich bald für Zollhausbeamte, bald für Mitglieder der Gesellschaft und selbst für Agenten derselben ausgeben, daß sie aber immer daran kenntlich sind, daß sie für ihre Dienstleistungen Zahlung begehren. — Unsere Agenten können sich, als solche, immer durch Diplome ausweisen.

Dasselbe gilt für ähnliche Unterhändler, welche sich in der Nachbarschaft von Dampfböten, nach dem Innern bestimmt, herumtreiben und von letzteren das eine oder andere empfehlen. Zwar verlangen sie bei einer solchen Gelegenheit nicht immer Zahlung, da sie ihren Lohn von den Capitainen dieser Böte beziehen. Letztere aber fordern alsdann natürlich eine verhältnißmäßig höhere Passage, so daß auf indirecte Weise jener Lohn dennoch aus den Taschen der Auswanderer kommt.

Die Deutsche Gesellschaft unterhält Nro. 82 St. Louisstraße ein Nachweisungs=Bureau, wo Arbeitsuchenden unentgeltlich offene Stellen und Beschäftigung, wenn solche zu haben sind, nachgewiesen werden.

Einwanderer müssen nie ihre Pässe, Heimaths=, Heiraths= oder Taufscheine verwahrlosen. Der Verlust solcher Documente hat häufig große Unannehmlichkeiten verursacht.

Wir selbst können bei einer solchen Sachlage nicht mehr thun, als warnen. Unmöglich können wir hundert Meilen von hier Agenturen errichten. Werden also die Einwanderer, ungeachtet aller durch uns angewendeten Vorsichtsmaßregeln, dennoch übervortheilt, so haben sie es sich selbst zuzuschreiben.

Die Direction der Deutschen Gesellschaft in New=Orleans.

Geschäftslocal Nro. 82 der St. Louis=Straße.

Die nachfolgenden Regeln werden den Auswanderern nach St. Louis zur Beachtung empfohlen von

dem Nachweisungs-Bureau für Auswanderer in Bremen.

Ansprache der „Deutschen Gesellschaft" in St. Louis
an die deutschen Einwanderer.

In St. Louis gründeten die Bürger, denen das Wohl ihrer Landsleute am Herzen lag, und die der vielen Hindernisse und Mühseligkeiten, welchen ein Einwanderer ausgesetzt ist, eingedenk sind, ein Institut unter dem Namen „**Deutsche Gesellschaft.**"

Die Grundlage dieses Vereins ist eine rein menschenfreundliche, fern von allen eigennützigen Zwecken; seine Aufgabe ist es, Euch vor Unbilden jeglicher Art zu schützen, Euch vor Betrug zu wahren und zu warnen, kurz, Euch nützlich zu sein, wo immer es möglich und nöthig ist, ohne alle Vergütung oder Belohnung.

Landsleute! Aus Vorstehendem werdet Ihr die Reinheit und das Uneigennützige unserer Absicht kennen gelernt haben; an Euch ist es nun, Nutzen davon zu ziehen.

Es ist recht, wenn Ihr der Euch in Europa zu Theil gewordenen Lehre: „seid mißtrauisch," Folge leistet, so lange es thunlich ist; dann aber seid auf der andern Seite wieder aufmerksam, nicht durch übertriebenes Mißtrauen gerade dem Betrug in die Hände zu fallen. Bedient Euch deshalb der Dienste unseres Agenten, Herrn **Georg Reichard**. Seine Pflicht ist es, alles unentgeltlich zu thun, was für Euer Fortkommen ersprießlich ist. Unser Geschäftslokal ist an der **Chesnutstraße**, Ecke der **Zweiten**, der Postoffice gegenüber.

Die auf der Reise nöthigen Vorsichtsmaßregeln lassen sich in wenigen Worten zusammenfassen. Die Grundbedingungen sind Mäßigkeit und Reinlichkeit. Hauptsächlich hüte man sich vor dem Genusse fremder ungewohnter Früchte, ebenso vor dem zu häufigen Genuß von Wasser. Am statthaftesten ist es jedenfalls, sich nur nach und nach der Schiffskost zu entwöhnen und solche für die Dauer der Flußreise beizubehalten.

Durch ein möglichst zurückhaltendes, jedoch nicht unfreundliches Betragen gegen die Mannschaft der Boote werden Mißhelligkeiten am besten vermieden.

In Fällen von Unwohlsein oder irgend einer Unannehmlichkeit wende man sich nur an die unmittelbare Vermittlung und Hülfe des Capitains.

Einwanderer, welche weiter reisen, werden wohl thun, gleich bei Ankunft hier unsern Agenten aufzusuchen.

Adressen von Angehörigen und Freunden können in den meisten Fällen bei eben demselben in Erfahrung gebracht werden, so wie für nachfolgende Freunde die eigene Adresse in ein eigends dazu aufgelegtes Buch eingetragen werden kann.

Der Verwaltungsrath der „Deutschen Gesellschaft" in St. Louis.

Die nachfolgenden Regeln werden Auswanderern nach Texas zur Beachtung empfohlen von dem

Nachweisungs-Bureau für Auswanderer
in Bremen.

Anleitung und Rath für Auswanderer nach Texas.

1) Die beste Zeit zum Auswandern nach Texas ist: möglichst spät im Herbst, von Mitte September an, und möglichst früh im Frühjahr, d. h. sobald der Winter die Expedition der Schiffe erlaubt; — wer vor dem 15. September oder nach dem 15. März nach Texas reist, läuft Gefahr, dort angekommen, zu erkranken, oder hat doch wenigstens durch Hitze und Mosquitos zu leiden.

2) Es ist häufig der Fall, daß Auswanderer eine Menge alter, unnützer Gegenstände mit in die neue Welt hinaus nehmen; es sollte aber bedacht werden, daß Raum oder Gewicht auf dem einen oder dem andern Theile des Weges bei der Weiterreise ins Innere theurer bezahlt werden

müssen, und daß fast alle Haus- und Feldgeräthe in Texas, wie überhaupt in den Vereinigten Staaten, besser und dabei nicht viel theurer sind, als in Deutschland.

3) Die Effecten sind den allgemeinen Zollgesetzen unterworfen, nach welchen nur Gegenstände, die zum persönlichen Gebrauch bestimmt und schon gebraucht sind, von der Bezahlung des Zolls eine Ausnahme machen. Die Revision der Effecten durch die Zollbeamten geschieht an Bord.

4) Der erste Gang, den der Auswanderer, besonders der weiterreisende, nach seiner Ankunft in Galveston macht, sollte nach dem Consignateur oder Adressat des Schiffes sein, mit welchem er gekommen, damit dieser im Stande sei, wenn es gewünscht wird, die nöthige Auskunft über alles Wissenswerthe, als Zeit, Gelegenheit und Preis der Weiterreise u. s. w. zu geben, und unnöthige Kosten, durch Aufenthalt in dem Hafenorte, vermieden werden. Entstehen Mißhelligkeiten, so wende man sich sofort an den Consul seines Landes oder, wenn ein solcher fehlt, an einen andern deutschen Consul.

5) Die nach einer und derselben Gegend im Innern bestimmten Auswanderer sollten schon unterwegs an Bord eine Liste mit Anzahl, Namen und Alter Aller in derselben Richtung Weiterreisenden anfertigen, zur sofortigen Abgabe an den Consignateur des Schiffs in dem Hafenorte.

Um von Galveston westlich in's Innere von Texas zu reisen, giebt es zwei Wege:

1) via Houston, die Galveston-Bay und den Buffalo-Bayou hinauf, 50 engl. Meilen, per Dampfboot, Transitzeit: 7 bis 8 Stunden, Gelegenheit: täglich, Deckpassage: 1½ Dollar, Cajüte 3 Dollar, exclusive Beköstigung, für welche Deckpassagiere selbst zu sorgen haben;

2) via Matagorda-Bay (Indianola) per Seedampfschiff, 120 Meilen. Transitzeit: 12 bis 14 Stunden, Gelegenheit: zweimal wöchentlich, Deckpassage: 2 bis 3 Doll. für Erwachsene, 1 Doll. für Kinder, Cajüte: 5 Doll., ohne Beköstigung.

Sowohl in Houston, als in Indianola findet man in der Regel sofortige Frachtfuhr-Gelegenheit für's Innere des Landes, ebenso gehen gute Personenposten regelmäßig von Indianola, wie von Houston, nach New-Braunfels und San Antonio.

Auch nach andern Küsten-Punkten von Texas, wie nach Sabine-Paß, Corpus Christi, und nach Point Isabel, am Rio Grande, findet man in Galveston gute Schiffsgelegenheit.

In allen Fällen, sei es an Bord von Schiffen oder auf Landtransporten, thut der Auswanderer wohl, auf sein Gepäck selbst zu achten.

6) Ueberall im Lande ist die Beobachtung einer geregelten Lebensweise, namentlich der Diät, nothwendig. Man poche nicht auf die bisherige gute Gesundheit, sondern suche dieselbe an das ungewohnte Klima zu gewöhnen. Man vermeide anfangs hauptsächlich den übermäßigen Genuß frischen Obstes und hüte sich vor Allem vor Melonen, welcher Art sie auch sein mögen.

Die nachfolgenden Regeln werden den Auswanderern nach **Quebec** zur Beachtung empfohlen von dem

Nachweisungs-Büreau für Auswanderer in Bremen.

Verhaltungsregeln

für deutsche Einwanderer vom Königl. Emigrations-Departement zu **Quebec**.

Alle Auswanderer, die im Hafen von Quebec ankommen, haben in der Regel das Recht noch 48 Stunden auf dem Schiffe zu bleiben, und dürfen ihnen während dieser Zeit keine von den ihnen gesetzlich zukommenden Lebensmitteln oder sonstigen Bequemlichkeiten entzogen werden. Der Capitain des Schiffes ist verpflichtet, die Passagiere nebst ihrem sämmtlichen Gepäck kostenfrei ans Land zu schaffen, und dieses muß an den gewöhnlichen öffentlichen Landungsplätzen des Hafens, zur gelegenen Stunde, nicht vor 6 Uhr Morgens und nicht nach 4 Uhr Nachmittags, geschehen.

Da es für den Fremdling von besonderer Wichtigkeit ist, zuverlässigen Bericht über solche Gegenstände zu erhalten, welche sich hauptsächlich auf seine ersten Unternehmungen bei Landung in Amerika beziehen, und um das in verschiedenen Häfen für denselben so nachtheilig hausende Runnersystem von hier ferne zu halten, hat sich die canadische Regierung veranlaßt gefunden, den Herrn W. Sinn als **Deutschen Agenten** in Verbindung mit dem Königl. Emigrations-Departement zu ernennen, um seine ganze Thätigkeit dem Wohle seiner einwandernden Landsleute zu widmen und denselben unentgeltlich jegliche Auskunft über die billigsten und besten Gelegenheiten zur Weiterreise nach dem Inlande, über die Ländereien, Aussichten auf Beschäftigung daselbst u. s. w. zu ertheilen, und im Falle gegründeter Klagen über

Mißhandlungen u. s. w. während der Seefahrt die nöthigen Maßregeln zu treffen, damit die Schuldigen zur Verantwortung gezogen werden.

Der folgende Tarif giebt den hiesigen Werth der ausländischen Gold- und Silbermünzen:

	Doll.	Cts.
Doppel-Louisd'or	7	80
Einfache „	3	90
20-Frankenstücke	3	85
10-Guldenstücke	4	—
Englische Pfund Sterling	4	86⅔
Französische Kronthaler	1	10
Bairische „	1	2½
Fünffrankenstücke	—	93½
Preußische Thaler	—	65
Ein Dollar (Mexiko)	1	—
Ein englischer Schilling	—	25

Kleinere Münzen der verschiedenen Deutschen Staaten sind entweder hier gar nicht gangbar oder doch nur zum halben Werthe. — Je weiter diese Münzen mit ins Innere des Landes genommen werden, je weniger wird für dieselben gegeben, und sollten so wenig wie möglich mit von Deutschland gebracht werden.

In allen Fällen, wo dem hier ankommenden Auswanderer sich Zweifel aufdringen, sollte er nicht versäumen, in den Gouvernements-Agenturen für Emigration um Rath zu fragen.